休闲农业服务人员实用技能

民俗风情园经营与服务

MINSUFENGQINGYUAN JINGYING YU FUWU

人力资源和社会保障部教材办公室 组织编写

中国人事出版社

图书在版编目（CIP）数据

民俗风情园经营与服务 / 人力资源和社会保障部教材办公室组织编写. -- 北京：中国人事出版社，2017

休闲农业服务人员实用技能

ISBN 978-7-5129-1244-1

Ⅰ. ①民…　Ⅱ. ①人…　Ⅲ. ①旅游业-商业经营-中国②旅游服务-中国　Ⅳ. ①F592.68

中国版本图书馆 CIP 数据核字（2017）第 281678 号

中国人事出版社出版发行

（北京市惠新东街 1 号　邮政编码：100029）

*

三河市潮河印业有限公司印刷装订　　新华书店经销

880 毫米 × 1230 毫米　32 开本　6.25 印张　112 千字

2018 年 1 月第 1 版　　2018 年 12月第 3 次印刷

定价：26.80 元

读者服务部电话：（010）64929211/84209103/84626437

营销部电话：（010）84414641

出版社网址：http://www.class.com.cn

内容提要

本书向民俗风情园经营与服务人员介绍了经营民俗风情园的要领及做法，图文并茂，语言通俗活泼。

本书包括民俗旅游概述、民俗风情园观光服务、民俗风情园住宿服务、民俗风情园餐饮服务、民俗风情园娱乐服务、民俗风情园购物服务、民俗风情园会议服务、民俗风情园交通服务、民俗风情园后勤综合服务、投诉应对与处理等内容，共计 10 章。作为一本经营指导手册，本书可以帮助广大有志于从事民俗风情园经营与服务的读者了解开发民俗风情园的基本流程，掌握经营民俗风情园的要领，为广大民俗风情园经营者提供切实有效的指导。

前　言

随着现代都市生活节奏的加快，越来越多的都市人会在闲暇之际，邀上亲朋好友，一起享受放空的慢生活。民俗旅游正是因为满足了游客“求新、求异、求乐、求知”的心理需求，因而受到人们极大的推崇。

作为民俗风情园的经营者，要想赶上休闲旅游发展的步伐，将民俗风情园做大做强，需要考虑两个关键问题：一是如何把游客吸引过来，二是如何保证游客下次再来。本书秉持“实用、有用、能用”的宗旨，从管理与服务两大维度为民俗风情园经营者提供有效的解决方案。

本书围绕“如何开发民俗风情园、如何推广民俗风情园、如何经营民俗风情园”这一主线，从民俗风情园开发、设计、推广、经营、服务等方面进行了详细介绍，为民俗风情园做大做强提供了切实可行的指导。

在本书编写过程中，孙立宏、王淑燕、孙宗坤、程富建、刘井学负责资料的收集和整理，贾月、董连香负责图表编排，王淑敏参与编写了第1章、第2章，班克武参与编写了第3章、第4章，程淑丽参与编写了第5章、第6章，李艳参与编写了第7章、第8章，王伟华、么秀杰参与编写了第9章、第10章。

目　录

第1章 民俗旅游概述

民俗旅游开发

民俗风情园设计

1.1 民俗旅游开发

民俗旅游是指人们离开惯常住地到异地去，以地域民俗事象为主要观赏内容而进行的文化旅游活动的总和。其旅游产品主要是由旅游目的地民众的生活方式、饮食文化、民族特色等组成的。

对于民俗文化旅游开发而言，可以通过饮食、住宿、购物、交通、就业、招商引资等带动地区经济及当地民俗旅游经营者的收益。

作为各地所特有的居民生活方式的展示，以及对各个地方文化的了解，民俗旅游可以说是吸引游客的一种重要旅游资源，各地旅游部门对其较为重视。

按游客的行为动机进行分类，民俗旅游主要有 4 种类型，具体内容见表 1-1。

表 1-1 民俗旅游的类型

类型	说明
消遣观光型民俗旅游	民族风情多姿多彩，异族情调的“磁性”常常吸引着游客前去观光、消遣、游览
参与型民俗旅游	游客对异域他乡的风土民情会有一种新鲜感，于是他们会前往民俗旅游地亲身体验当地的风土民情。例如傣族的泼水节，就属于这种类型。参与型民俗旅游重在体验

续表

类型	说明
考察型民俗旅游	这是基于游客探索异域他乡民俗风情奥秘的心理而形成的民俗旅游模式。他们的旅游行为除一般的观光、消遣外，主要通过对特定的民俗旅游地的考察，获取某方面科学研究的第一手资料，或者以考察为契机印证自己所学的知识
娱乐型民俗旅游	许多游客外出旅游就是为了观看或参加某一类民俗娱乐项目，借各种娱乐项目来舒缓压力、放松自我，诸如杂技、灯会等民俗活动就具有很强的娱乐性

1.1.1 民俗旅游开发的原则

民俗旅游满足了游客“求新、求异、求乐、求知”的心理需求，成为旅游行为和旅游开发的重要内容之一。近年来，各地旅游部门都大力开发本地区的民俗文化资源，使之成为新的经济增长点。在对当地民俗旅游资源进行开发时，不能盲目进行，需遵循一定的原则，如图 1-1 所示。

1.1.2 民俗旅游开发的模式

民俗旅游开发通过对民俗文化的丰富内涵进行精选和加工，激发人们前来观赏民俗、了解文化，其开发模式可以概括为 5 种，具体内容见表 1-2。

文化性原则

文化是旅游的灵魂。民俗旅游开发者应从史学、民俗学、社会学、文学等角度进行研究，完整地表现民俗文化的精华，丰富民俗旅游的文化意蕴

独特性原则

不同民族由于各自的历史条件、地理条件和经济条件的不同而形成不同的民俗。在开发时要因地制宜地利用好本地区的独特优势

保护性原则

开发必须以保护为前提，否则就失去了旅游业赖以生存的属性和环境

体验性原则

民俗文化最大的优势在于游客可以亲自参与到民俗活动中，体验民风民俗，感受浓郁的人情味。因此，在进行民俗文化旅游资源的开发时，必须在深入发掘旅游地民俗文化内涵的基础上，为游客创造广泛参与民俗活动的机会

图 1–1 民俗旅游开发的原则

表 1–2 民俗旅游开发的模式

模式	说明
集锦荟萃式	指将散布于一定地域范围内的典型民俗集中于一个主题公园内表现出来（实例见下文）
复古再现式	它是对现已消失的相关民俗文化，通过信息收集、整理、重建、再现的方式，让游客了解过去的民俗文化（实例见下文）
原地浓缩式	即在当地选取合适地段建造以当地民俗文化为主题的主题园，集中呈现其民俗精华

续表

模式	说明
原生自然式	它是在一个民俗文化相对丰富的地域内选择一个最为典型、交通也比较便利的村落对游客展开宣传，以村民的自然生活生产和村落的自然形态为旅游内容，除必要的基础设施建设外，几乎没有进行加工改造
主题附会式	指将民俗文化主题与具有某一特定功能的旅游业设施结合起来，形成相得益彰的效果

实例参考

中国民俗文化村位于广东省深圳市，是一个集各民族民间艺术、民俗风情和民居建筑于一园的大型文化旅游景区，内含22个民族的25个村寨，均按1∶1的比例建成。通过民族风情表演、民间手工艺展示、定期举办大型民间节庆活动等方式，多角度、全方位地展示我国各民族原汁原味、丰富多彩的民风民情和民俗文化，让游客充分感受中华民族的文化魅力。

实例参考

吴文化公园位于江苏省无锡市，公园以吴文化为内涵，建有稻丰圩、蚕桑巷、船桥史馆、交通馆、江南风情苑、教育馆、人文馆和学生教育营地等17个馆区，以丰富的文字资料、图片、实物、电化形象等，展现了四千年来吴地生产、人文、民俗的壮丽画卷。

1.1.3 民俗旅游存在的问题与解决对策

民俗旅游经过多年的发展，已经成为旅游业新的经济增长点，虽然发展态势较旺，但在发展过程中仍存在着一些问题。

1. 民俗旅游存在的问题

（1）民俗旅游特色不鲜明。鲜明的地区特色是民俗旅游资源开发的基本出发点。但很多民族地区为了增加旅游地的吸引力，没有经过认真研究，就从形式上照抄照搬其他地区的一些民俗活动，使企业之间竞争加剧，既造成资源浪费，又加大了企业的投资和经营风险。

（2）资源开发深度不够。有些地方在恢复民俗事项时，只重形式，没有对其文化内涵予以深入的考证和探究，只从经济利益和迎合游客的角度出发，赋予传统民俗以新的具有较强功利性的功用，从而使纯正的民俗文化变了质。

（3）对外宣传不到位。一些地方的民俗文化没有得到切实有效的宣传，因此，也就不可能得到外界的认可与接纳，在商品经济的大潮中必然无法占据市场。

相关链接

民俗旅游对民俗传统文化产生冲击。由于游客的大量涌入，民俗旅游地的文化因日渐商品化而受到歪曲并失去原有的价值。例如某些传统工艺品的制作泛滥随意，已不是传统的风格和制作技艺。

2. 解决对策

针对我国民俗旅游存在的问题，下文给出了相关的解决对策，具体内容如下：

（1）挖掘内容，树立独具特色的形象。在进行民俗旅游资源开发时，应有计划地对将要开发的项目进行深入研究，利用本地区独特的条件创造性地开发民俗风情旅游特色产品，并深挖其丰富内容，突出其资源特色。

（2）因地制宜，高品位开发民俗资源，防止庸俗化。从本地实际情况出发，就地取材，深入了解本地民俗文化的内涵，挖掘其深远的历史和现实意义，打造优质品牌。树立良好的品牌形象，杜绝随意歪曲旅游地民俗风情文化的现象。

（3）加大对外宣传力度。当地民俗旅游经营者应利用各种传播媒介和手段，尤其是公共媒介和互联网的手段，加大对民俗文化旅游的宣传，树立民俗文化旅游形象。

1.2 民俗风情园设计

1.2.1 民俗风情园建设规划

1. 调查分析

民俗风情园在进行建设规划之前，应该对市场环境和自身情况进行调研，根据现有资源和市场需求进行设计与开发。为此，需要从多个方面进行信息的收集，如图 1-2 所示。

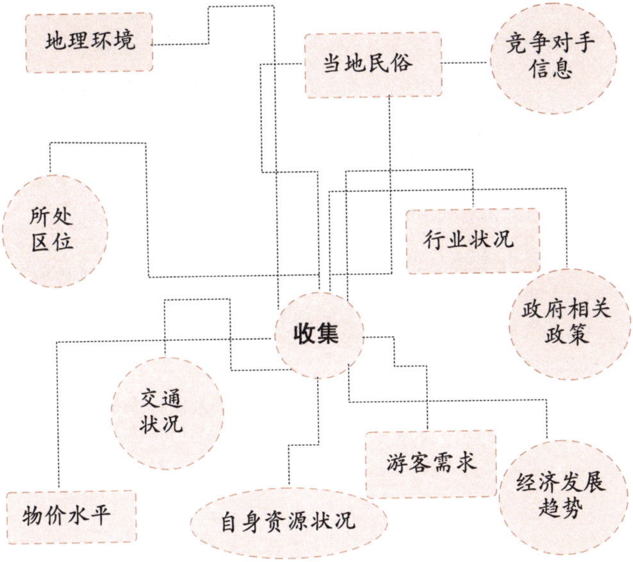

图 1-2　信息收集的内容

收集到信息后，就要进行全面而仔细的分析，根据分析结果进行定位和设计。一般可采用 SWOT 分析法进行分析。

SWOT 分析法是一种认清企业优势（Strengths）、劣势（Weaknesses）、机遇（Opportunities）和挑战（Threats）的分析方法，如图 1-3 所示。

2. 规划的内容

民俗风情园总体建设布局应以突出区域文化特色为主题，在确定园区规划原则与思路的前提下，管理单位或经营者还需对如图 1-4 所示的 6 个方面进行规划。

优势（Strengths）	劣势（Weaknesses）
（1）地理位置优势 （2）交通优势 （3）客源优势 （4）资源优势，如管理资源丰富、劳动力资源丰富	（1）场地限制 （2）地理位置劣势 （3）资源劣势，如资金不足、管理经验不足
机遇（Opportunities）	**挑战（Threats）**
（1）社会发展趋势 （2）市场趋势 （3）政策机会，如新政策、新规定的颁布 （4）行业内的有利变化	（1）同类民俗风情园的挑战 （2）突发事件对民俗风情园的影响 （3）竞争对手的挑战

图 1-3 SWOT 分析法

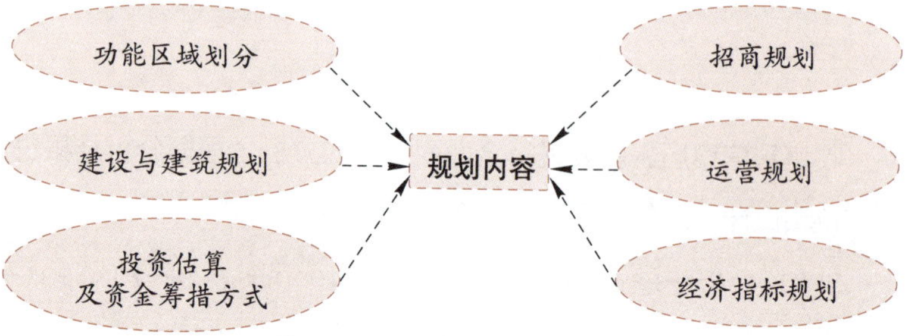

图 1-4 民俗风情园规划的内容

1.2.2 民俗风情园服务项目设计

伴随着我国旅游业的蓬勃发展，民俗旅游已成为游客追捧的旅游项目之一，具有很强的民族性和地域性。为了使游客充分感受到民俗旅游的乐趣，民俗风情园在服务项目的设计上不仅要涵盖休闲、度假等功能，还需突出民俗特色。

因规模大小的不同，各民俗风情园设计的服务项目也有所不同，表 1-3 提供了两则示例，仅供参考。

表 1-3 服务项目设计示例

示例 1	示例 2
特色民俗区：通过介绍民族发展史的图片、展板及各类实物，展现各民族的传统生活、民族习惯等。周围环境也按民族风景造物布景	**民俗体验区**：游客可以在此欣赏一些具有鲜明地域特色、种类繁多、技艺精湛的民间文艺表演。此外，还需设计一些活动，使游客能够充分地参与其中
民族风情广场：广场上可以开展丰富多彩的各民族风情文娱活动及各民族传统活动，游客可以身着当地民族服装，与园区演员一起参加各类富有当地特色的文娱活动	**民间工艺园区**：将当地民间工艺在此区域分类集中展示
旅游观光区：依托当地特有的自然资源和社会资源，在此基础上进行完善，使游客欣赏到别具风韵的旅游风光	**传统饮食园区**：挖掘本地特色小吃，展现当地独特的饮食文化
娱乐休闲区：依据季节设计一些娱乐项目，如垂钓、滑冰等	**民俗购物一条街**：主要是本地区独具特色的各类产品

1.2.3 民俗风情园营销宣传设计

如今是一个信息爆炸的时代，人们每天通过各种渠道浏览大量信息，这就要求设计者对民俗旅游地的宣传不能仅仅局限于传统方式，应合理利用线上线下各种传媒平台，扩大宣传范围。下文介绍了其中3种方式。

1. 借助电视、广播推广

实例参考

张家界曾借助“张家界世界特技飞行大奖赛”的正式开幕，飞机成功飞越天门洞，不仅创造了人类历史的奇迹，也使得该景区因此“一飞惊人”，由一颗“养在深闺人未识”的风景明珠，迅速成为人气飙升的热门景区。一时间，国内外游客慕名而至。

借助电视、广播媒体发布广告是对民俗风情园进行推广的一种方式。为了更好地利用这种方式，下文提供了两点建议。

（1）免费为社会大型活动提供场地，或组织社会大型活动，积极运用电视、广播这两种媒体，通过播报新闻事件来提高民俗风情园的知名度。

（2）制作景区宣传片，借助电视、广播平台进行播放。

2. 借助互联网推广

民俗风情园可以通过移动终端投放广告来宣传景区，提高知名度，并吸引游客。

（1）互联网广告投放。在大型旅游网站上宣传民俗风情园，可采用门票打折、特价游等方式，分时段限量推出优惠活动，达到宣传的目的，并吸引游客。

（2）微博、微信推广。微博、微信营销的特点是信息扩散速度快。对于民俗风情园的营销来说，两者是极佳的传播工具。而要充分发挥其作用，就要在内容的撰写上做好规划。

例如，可以聘请见多识广的游客或者专职导游人员，在发布旅游相关信息与活动通知的同时，撰写发布旅游生活小知识、小幽默和有趣的旅游故事。此外，还要注意开展旅游微博、微信咨询服务，游客遇到旅游相关问题时，可以通过微博、微信及时了解所需信息。

总之，具有趣味性、知识性和实用性的微博、微信，更容易吸引大量的受众，并且能够被受众分享，而这些受众就是潜在的游客。

3. 借助户外媒体推广

实例参考

麦当劳曾推出过一个创意广告牌“日晷”：在屋顶上设置一座时钟，随着影子的变化，人们可以轻松地选出每个时刻吃什么，当时这个广告起到了很好的宣传效果。

毋庸置疑，户外媒体推广也是助力企业品牌推广和产品营销的一种有效宣传方式，民俗风情园可根据自身实际，选择合适的户外媒体进行产品推广。图1-5介绍了4种主要的户外媒体形式。

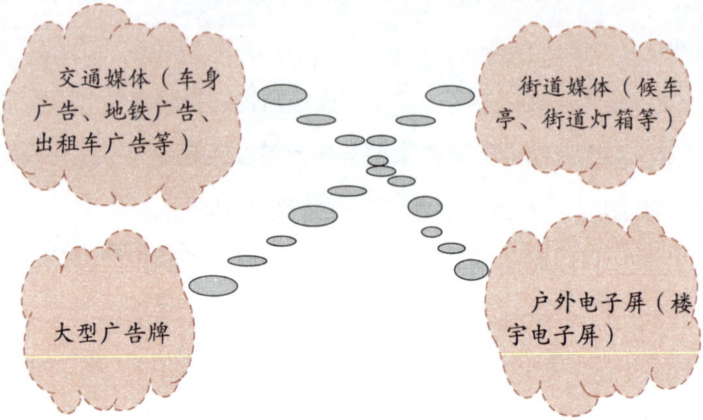

图1-5 户外媒体形式

传统户外广告营销的特征集中表现为产品展示，移动互联网技术的发展为户外媒体推广方式带来了新变化。

（1）注重内容创意。在移动互联网环境下，民俗风情园在采用户外媒体进行产品推广时，需要从互联网语境的角度来思考户外媒体所展示的内容，使户外媒体成为话题的源头，从而打破单一的传统广告广而告之的旧模式，引发用户在社交媒体及互联网上进行分享。

（2）注重互动体验。在体验经济的时代，调动用户参与的积极性，提高消费者与企业的互动体验，是民俗风情园在进行对外推广时不可忽视的一点。为了达到这一效果，图1-6提供了3点建议。

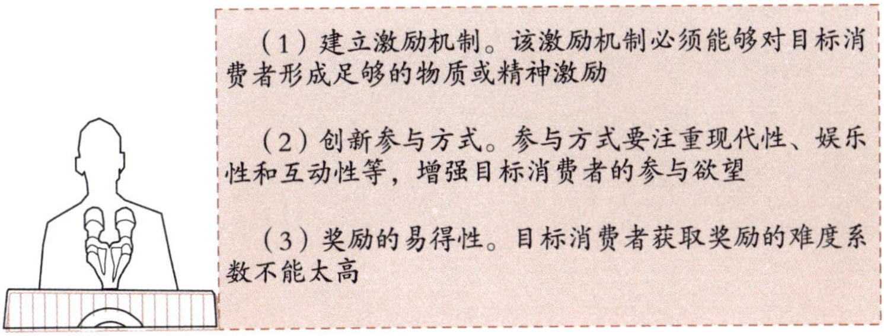
（1）建立激励机制。该激励机制必须能够对目标消费者形成足够的物质或精神激励
（2）创新参与方式。参与方式要注重现代性、娱乐性和互动性等，增强目标消费者的参与欲望
（3）奖励的易得性。目标消费者获取奖励的难度系数不能太高

图 1–6　实施建议

第2章

民俗风情园观光服务

导游服务

检票服务

2.1 导游服务

导游服务是指为游客安排旅行日程和游览路线，提供向导、讲解和旅途照料服务的接待工作。其工作好坏直接影响民俗风情园的形象。

2.1.1 导游招聘与培训

导游人员是导游服务的主体，为了向游客提供更优质的旅游服务，民俗风情园需做好导游的招聘与培训工作。

1. 导游招聘

当民俗风情园提出导游招聘需求申请（见表 2-1）时，人力资源部是否应立即着手实施招聘呢？

表 2-1 招聘需求申报表

招聘岗位		招聘人数		拟到岗日期	
招聘原因	□扩大编制 □储备人员 □辞职补充 □临时需要 □其他原因				
岗位职责简述					

续表

岗位任职资格要求	
其他招聘要求	
部门负责人签字	
人力资源部意见	
总经理意见	

回答是：不一定。接到职能部门的用人需求申请时，人力资源部需对人员招聘需求进行分析。

招聘需求分析是民俗风情园在制订导游招聘计划时对用人需求的甄别，它是一项系统而专业的工作。要想确定招聘的真实需求，必须了解招聘需求产生的原因。

一般来讲，招聘需求产生的原因主要包括 4 个方面，具体内容见表 2-2。

表 2-2 招聘需求产生的原因

原因	说明
公司制定新的发展目标	比如公司需要在下半年进行经营规模扩张，就会产生相应的人员需求
原有岗位的空缺	比如员工合同到期不续签、企业快速发展而员工不具备该岗位工作能力、出于个人发展考虑而离职等都会造成岗位空缺，形成最直接的招聘需求
工作量增加	现有工作量比较大，需要增编补充人员
工作难度和专业化程度增加	由于信息化技术的发展、行业的发展、企业的发展和市场竞争加剧等原因导致工作难度和专业化程度不断增加，这样就需要更多具有专业能力的人员来开展工作

在明确了招聘需求产生的原因后，人力资源部工作人员需对提交的导游人员招聘需求进行分析，分析内容包括部门的工作可否优化组合或跨部门进行调整、是否可以采用兼职方式来满足用人需求等。在对上述问题进行分析后，再确定实际的招聘需求。

当确定了招聘需求后，民俗风情园还需选择合适的招聘方式进行招聘。图 2-1 提供了 3 种常见的招聘方式。

2. 导游培训

在民俗风情园众多的经营与服务业务中，导游工作是其中重要的一项。导游服务水平的高低，直接决定着游客满意度，影响着游

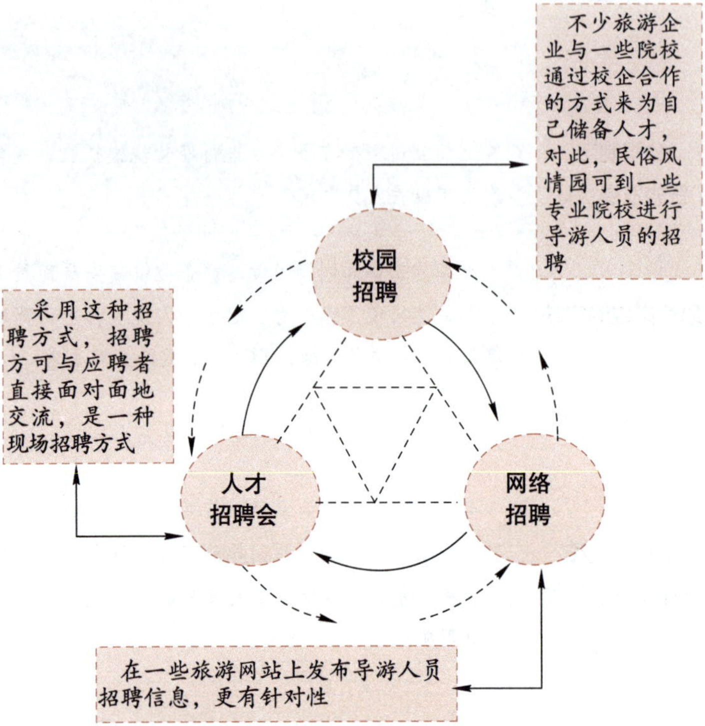

图 2-1　常见的招聘方式

客的消费行为。为提升游客满意度，民俗风情园需加强对导游人员的管理，培训便是其中关键一环。

一名合格的导游需掌握丰富的语言知识、导游业务知识、历史文化知识等，才能在工作中得心应手，为游客提供满意的服务。对此，民俗风情园对内部导游人员的培训可从如图 2-2 所示的 6 个方面进行。

职业道德培训	要求导游人员树立正确的道德观念，使其在工作中严格要求自己，自觉遵守职业道德
服务意识培训	分为超前服务意识和及时服务意识，良好的服务意识是优质服务的根本所在
服务技能培训	包括导游人员基本技能培训，如讲解选位技能等
语言能力培训	主要就导游人员的发音、语调、语速、语气等方面进行培训
专业知识培训	主要就接待规程、游客心理、景点知识等进行培训
应变能力培训	主要就导游人员工作中可能会出现的意外事件及处理办法进行培训

图 2-2 导游人员培训内容

2.1.2 景区导游解说服务

解说是一种信息传递服务，它是民俗风情园旅游服务中不可或缺的部分。导游在为游客提供解说服务时，需遵循一定的原则，如图 2-3 所示。

1. 仪容仪表要求

民俗风情园导游在为游客提供解说服务时，需注重自己的仪容仪表，其具体要求如图 2-4 所示。

客观性原则：导游进行讲解时，无论采用何种方法或技巧，都必须以自然界或人类社会某种客观存在为依据

计划性原则：导游应根据游客的出游计划，合理安排游客的活动日程，有计划地进行导游讲解

针对性原则：导游应根据不同游客的具体情况，在接待方式、服务形式、导游内容、语言运用、讲解方式方法等方面有所不同

灵活性原则：导游的讲解要因人、因时、因地而异，一切视具体情况而定，切忌千篇一律、墨守成规

图 2-3　导游解说原则

（1）根据园区要求穿着工作服或指定服装

（2）饰物佩戴及发型，以园区要求为准；女讲解员一般以淡妆为宜

（3）言谈举止应文明稳重，自然而不做作

（4）讲解过程中可适度使用肢体语言，但应避免无关的小动作

（5）接待游客热情诚恳，并符合礼仪规范

（6）工作过程中始终做到情绪饱满

（7）注意个人卫生

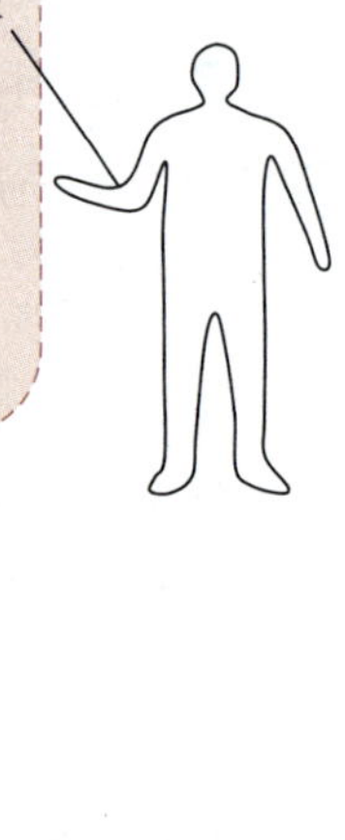

图 2-4　导游仪容仪表要求

2. 景区导游服务流程

为了提升服务品质，民俗风情园需对导游的服务流程进行规范，表 2-3 给出了一则示例。

表 2-3 景区导游服务流程

服务流程		说明
准备阶段	熟悉接待计划	在接待前，导游首先要了解游客的基本情况，如人数、职业、学历、要求等
	知识准备	根据游客的特点和要求，准备合适的导游词和解说方式
	物质准备	准备好导游器材及其他有关工具
接待服务	致欢迎词	
	导游解说	
送别服务	致欢送词	
	与游客告别	

3. 导游词的创作

导游词是导游人员引导游客观光浏览的讲解词，其作用有二：一是引导游客观光游览，二是宣传旅游景点。

（1）导游词的创作要求。导游词创作质量的高低，对民俗风情园旅游形象的树立至关重要。要创作出好的导游词，必须遵循一定的原则，如图 2-5 所示。

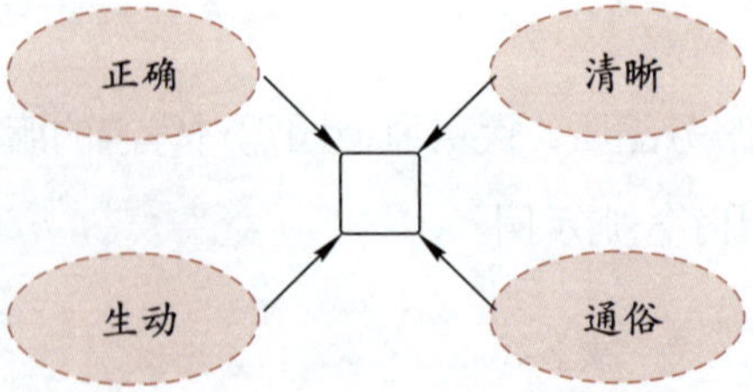

图 2-5　导游词创作的基本原则

（2）导游词的内容。一般来讲，导游词包括欢迎词、整体介绍、重点讲解、欢送词 4 个部分的内容，见表 2-4。

表 2-4　导游词的内容

内容	说明
欢迎词	包括问候语、介绍语、游览注意事项等内容
整体介绍	对民俗风情园的位置、范围、历史、现状、发展前景等进行介绍，使游客对民俗风情园的概况有所了解
重点讲解	对游览路线上的重点景观从景点成因、历史传说、文化背景等方面进行细致的讲解
欢送词	示例："好了，朋友们，×× 的游览到此就结束了。通过这次游览，让我们再一次感受到 ×× 的魅力……"

导游词的写作需符合 6 点要求，具体内容见表 2-5。

表 2-5　导游词的写作要求

写作要求	说明
强调知识性	一篇优秀的导游词必须具有丰富的内容，融入各类知识并旁征博引、融会贯通、引人入胜

续表

写作要求	说明
讲究口语化	导游语言是一种具有丰富表达力、生动形象的口头语言，要避免使用晦涩难懂的词汇和音节拗口的词汇
突出趣味性	语言生动形象，用词丰富多变，恰当地运用修辞手法
重点突出	每个景点都有代表性的景观，每个景观又都从不同角度反映出它的特色内容。导游词必须在照顾全面的情况下突出重点
有针对性	根据不同的游客及当时的情绪和周围环境进行导游讲解
重视品位	一要强调思想品位，二要讲究文学品位

实例参考

大唐芙蓉园导游词节选

"'独在异乡为异客，每逢佳节倍思亲。遥知兄弟登高处，遍插茱萸少一人。'这是著名诗人王维所作的《九月九日忆山东兄弟》。在这里我们看到的茱萸台正是出于此诗，这首诗是茱萸台的灵魂，寄情于景，它激起了人们对故乡的思念。在唐代，人们特别重视重阳节，在重阳节登高秋游、赏菊饮酒、插茱萸，因为相传饮菊花酒可以使人长寿，佩戴茱萸可以避邪除恶。在我们右手边的这个丘陵，就是茱萸台了……"

（3）创作导游词时应注意的问题。民俗风情园的导游人员在创作导游词时，除了需掌握上述要点外，还需注意4点事项，如图2-6所示。

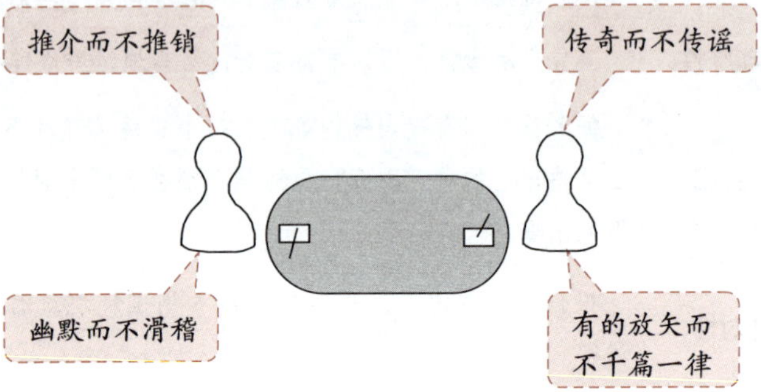

图2-6　创作导游词时应注意的问题

4. 景区导游解说技能

解说是导游人员向游客进行主动的、动态的信息传导的一种表达方式。它最大的特点是双向沟通，在向游客解说的同时，能够回答游客提出的问题。倘若导游人员的讲解无新意，便很难给游客留下深刻的印象。此外，许多景点因季节的不同，景观也有所变化，导游人员必须灵活运用和调整解说词，使自己的讲解缘物应景，使游客喜欢自己的服务。

为了达到较好的解说效果，导游人员需注重解说技能的提升。下文列举了7种解说方法，供读者参考。

（1）分段讲解法。分段讲解法即将一处大景点分为若干前后衔接的部分，依参观线路的顺序进行分段解说的方法。例如讲解杭州的西湖十景，便可采用这一方法。

（2）突出重点法。突出重点法即导游人员在对景观进行讲解时，应避免面面俱到，而是要重点突出某一方面。例如突出具有代表性的景观，突出景观的独特性，突出景点之最等。

有时范围划定不同，比较的结果也不一样。例如云南的抚仙湖是云南省第一深水湖，也是中国第二深水湖。

（3）触景生情法。触景生情法即见物生情、借题发挥的导游讲解方法。

触景生情法的运用要领为：其一，导游人员不能就事论事地介绍景物，而是要借题发挥，利用所见景物制造意境，使游客产生联想，从而领略其中妙趣；其二，导游讲解的内容要与所见景物和谐统一、情景交融，使游客感到景中有情、情中有景。

（4）虚实结合法。虚实结合法即导游讲解中将典故、传说与景物介绍有机结合。“实”是指景观的实体、实物、史诗、艺术价值等；“虚”是指与景观有关的民间传说、神话故事、典故、趣闻轶事等，如镜泊湖红罗女传说。

（5）问答法。问答法即在讲解过程中，导游人员应根据不同的情况，有意识地创造一些情境，提出一些问题，以引起游客的注意。问答法主要有 4 种形式，具体内容见表 2-6。

表 2-6　问答法的形式

形式	目的
自问自答法	吸引游客的注意力
我问客答法	引导游客回答

续表

形式	目的
客问我答法	满足游客的好奇心
客问客答法	调动游客的积极性

（6）制造悬念法。制造悬念法即导游人员在讲解时提出令人感兴趣的话题，但引而不发，从而激发游客的求知欲望。

实例参考

承德避暑山庄导游词节选

“避暑山庄是我国现存最大的古典皇家园林。在修建避暑山庄时，博采众家之长，融合中国南北园林风格为一体，使避暑山庄成为中国古典园林艺术的总结与升华。一些园林专家说，整个避暑山庄就是祖国锦绣河山的缩影。专家们为什么会这样说呢？这个问题我想还是请女士们、先生们游览了避暑山庄之后再来回答。不过，我可以先给大家一个小提示，这其中原因与避暑山庄的地形有关。”

（7）画龙点睛法。画龙点睛法即用凝练的词句概括所游览景点的独特之处，给游客留下深刻印象的导游方法。

除上述7种解说方法外，还有引人入胜法等，这里不作一一介绍。

导游人员在学习众家之长的同时，必须结合自己的特点融会贯通，在实践中形成自己的导游风格和导游方法，并视具体时空条件和对象，灵活、熟练地加以运用，这样才能获得较好的导游效果。

2.2 检票服务

2.2.1 票务工作岗位职责

票务管理部是负责景区门票、民俗风情园活动演出票售验的部门。其相关岗位职责见表 2-7。

表 2-7 票务工作相关岗位职责

岗位名称	岗位职责
景区票务经理	（1）负责推荐和销售民俗风情园的票务产品 （2）负责制订票务销售计划 （3）负责票务代理公司客户的开拓及维护工作 （4）根据市场反馈情况制定或修改客户开拓策略 （5）代表公司拜访客户，与客户建立良好的合作关系 （6）收集并分析行业及市场情况 （7）负责景区票务部门人员管理
景区售票员	（1）负责景区门票和园区活动演出票的出售 （2）保持售票室内设备、工作台等的清洁卫生 （3）严格按交接班制度进行交接班，做好班前交接、准备工作 （4）按规定程序进行计算机售票及收银设备的操作
景区检票员	（1）负责景区门票及各项目点的验票工作 （2）负责当日游客检票数量的统计工作，并上报票务管理部 （3）负责内部免票接待的审核放行工作 （4）对异常情况进行简单处理

2.2.2 票务岗位工作规范

民俗风情园票务岗位人员需遵守一定的工作规范，具体内容见表2-8。

表2-8 票务岗位工作规范

工作规范	具体要求
仪容仪表	应穿戴整洁、朴素大方、仪表端庄，按规定佩证上岗
	上班期间应按本单位规定规范着装
	保持头发整洁、自然、大方，不留怪异夸张发型和不染奇色头发
	女性职员要求淡妆上岗，禁止浓妆艳抹，禁止佩戴耳坠等夸张首饰；男性职员要求保持面部干净整洁
行为规范	言行举止要温和、谦恭、庄重、得体
	坐式服务要做到坐姿端庄
	售票做到唱收唱付
	检票时，门票实行一人一票制；对于旅行社来说，团体检票时，检票人员要上车清点游客数量和门票数量并查看团队有关证件，门票扫描或打孔后方可放行

2.2.3 检票闸口应急情况处理

受天气、游客数量等因素影响，民俗风情园检票闸口处除了需做好检票工作外，还需对一些特殊情况进行快速处理。其有关内容见表2-9。

表 2-9 检票闸口应急情况处理

情形	处理建议
严重堵塞	当售票、检票口出现游客积压现象时，必须立即向园区管理部报告
	现场值班人员应积极采取措施，增设窗口，设置排队栏杆，引导游客从其他人少的入口进入，加快售票、检票速度，缩短游客等待时间
	可以通过提供茶水服务或赠送小礼品等方式，安抚游客急躁情绪
出现纠纷	因游客较多，可能会出现因排队插队而引发纠纷的情形。此时，民俗风情园检票处工作人员应对插队人员予以善意的引导与劝解；必要时保安人员应对其行为进行制止；造成一定影响的，依照有关规定给予责任人相应的处罚
无票强行进入园区	民俗风情园检票处工作人员对有此种行为的游客予以善意的引导与劝解，若其不听从劝阻，则应通知园区保安人员进行处理
游客感觉身体不适	配备急救药品，并及时联络园区管理部，请其他部门人员前来协助处理
发生拥挤踩踏事件	园区疏散引导组组织对检票闸区内的游客及员工进行疏散，使其撤离至安全区域
	园区医疗救护组携带急救药箱赶往指定地点，及时处理受伤人员
	园区交通运输组安排车辆在道闸处待命，及时将伤情较重的人员送往医院

第3章

民俗风情园住宿服务

对客服务语言规范

客房服务管理

住宿管理

住宿服务是民俗风情园整体服务的重要组成部分，其目的是创造舒适、清洁、安全的住宿条件，为游客提供热情周到和人性化的服务。

3.1 对客服务语言规范

在客房对客服务工作中，客房服务人员的语言可分为口头语言与肢体语言两类。

3.1.1 口头语言规范

礼貌是人们相互之间表示尊重和友好的行为规范。在民俗风情园客房管理工作中更要注重礼貌用语。

作为民俗风情园服务人员，一定要讲究礼貌服务用语。同时，还要做到“请”字当头，“谢”字不离口。客房服务人员礼貌用语示范如图 3-1 所示。

民俗风情园客房服务人员在接待游客时，除了需使用礼貌用语外，还需重视语言技巧的培养，具体可从如图 3-2 所示的两个方面进行。

3.1.2 肢体语言规范

在肢体语言方面，民俗风情园客房服务人员需注意如下 3 点事项。

欢迎语：欢迎光临、欢迎您到××民俗风情园××店

问候语：早上好、中午好、下午好、晚上好；先生好、女士好

祝贺语：祝您生日快乐、祝您节日快乐

征询语：请问您有什么事情？我能为您做些什么？您的事情我马上就办，您还有别的事情吗？

答应语：请稍等、请稍候；马上就到；这是我应该做的

道歉语：对不起，请您原谅；感谢您的提醒，对不起，这是我的错误（过失）

指路用语：请往这边走、请跟我来

答谢语：感谢您的光临、能为您服务感到非常高兴（荣幸）、感谢您的支持

告别语：再见，欢迎再次光临；祝您一路平安；请走好，欢迎再来；非常感谢，欢迎再次光临

图 3-1 客房服务人员礼貌用语示范

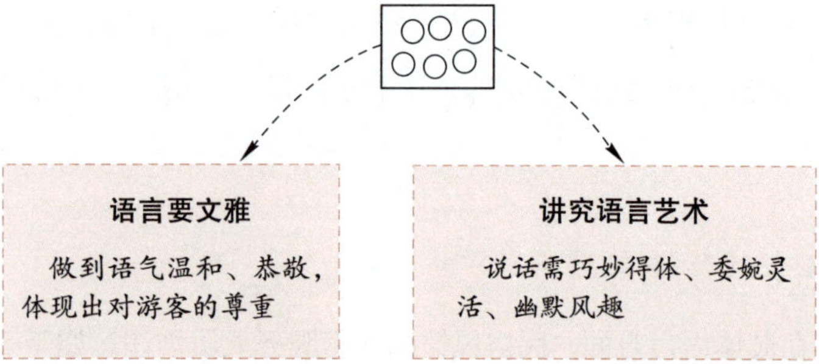

图 3-2 语言技巧的培养

1. 表情语言

表情语言是一种来自面部的表情交流方式。它是一种无声语言，但它比有声语言沟通更富有色彩感与表达力，在传达信息方面起着重要作用。例如在为游客服务时要注意自己的表情，应始终面带微笑。

2. 动作语言

在为游客服务时，客房服务人员在动作语言方面也需符合民俗风情园的要求，具体内容见表 3-1。

表 3-1 动作语言要求

动作语言	说明
正确的站姿	“站如松”挺拔，基本要领是站正，身体重心放在两脚中间
正确的坐姿	“坐如钟”端正，基本要领是入座要轻缓，上身正直，人体重心垂直向下，手自然放在双膝上，双膝并拢
正确的行姿	“行如风”轻盈，基本要领是上体正直，不低头，眼平视，面带微笑，两臂自然前后摆动
正确的手势	递接物品时，应该用双手或右手，手掌向上，五指并拢，用力均匀，要做到轻而稳。注意：如果递送带刃或其他易于伤人的物品，应做到刀尖向内

3. 物饰语言

在物饰语言方面，民俗风情园客房服务人员需注意两点事项，具体内容见表 3-2。

表3-2 物饰语言要求

物饰语言	说明
服饰	民俗风情园客房服务人员在工作岗位上要穿工作制服，其要求如下：工作制服应干净、整洁；非特殊需要，不要在民俗风情园外穿工作制服
修饰	保持头发清洁整齐，面部要洁净，指甲要修剪整齐，不得留长指甲；不可佩戴大耳环和华丽显眼的手镯等饰物，工作需要除外

礼貌规范的服务，体现着民俗风情园的服务水平。每位工作人员都应加强自身语言艺术修养，提升服务质量。

3.2 客房服务管理

3.2.1 客房房间管理

客房服务是民俗风情园最主要的服务项目之一。客房是供游客休息的场所，一般来说，客房应具有良好的通风、采光、隔音条件及良好的景观等，为游客提供一个舒心的休息空间。

1. 客房设计

客房一般具有休息、办公、休闲娱乐、盥洗、化妆、存放行李等功能。这些功能会根据房间档次的不同而有所增减。同时，这些功能是通过不同的客房区域空间来实现的，设计者可以在客房内不断完善功能，为游客提供更舒适、更愉快的功能体验。客房空间分类如图 3-3 所示。

睡眠空间

睡眠空间是指整个客房中面积最大的供游客休息的区域，一般设置床、床头柜、床头灯等家具。为满足不同游客的需求，床头柜的设置应根据需要进行调整

起居空间

起居空间是指供游客休息、餐饮和会客用的区域，一般设置茶几、座椅、落地灯等家具

储存空间

储存空间是指供游客放置衣物、行李的区域，一般设有壁橱、行李架、挂衣架等

操作空间

操作空间是指游客可以通过设备进行某些操作的区域，如书写、化妆等，一般设有写字台、椅子、台灯、梳妆台、电话、电视机等

盥洗空间

盥洗空间是指客房卫生间、洗浴间，一般包括淋浴器、坐便器、水龙头、镜子等设施

图 3-3 客房空间分类

客房的设计有两种模式：一是对老房进行改造，二是重新设计布局。若选择对老房进行改造，就要先把房子的地基再次加固，防止出现意外。一般来说，好的客房要给游客好的体验，如图 3-4 所示。

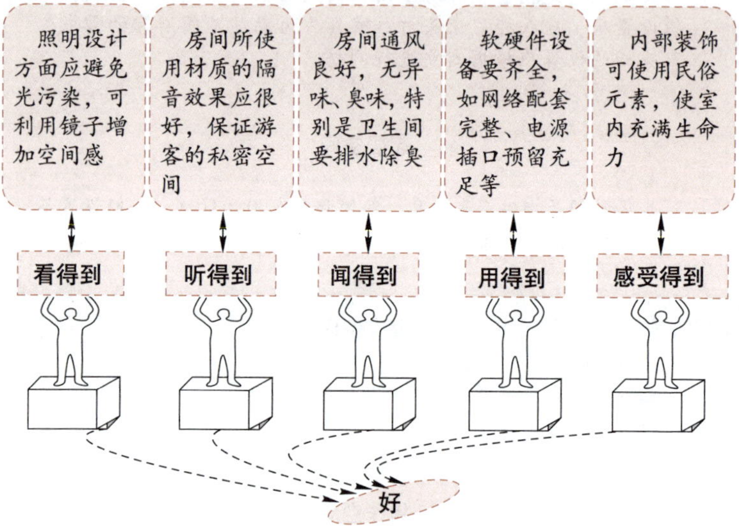

图 3-4　民俗风情园客房设计要求

2. 客房用品配置

民俗风情园客房用品的配置，既要满足游客的正常需求，又要突出民俗风情园的特色。所以，在选用客房用品时，一方面要配置一般客房住宿所应具备的用品，另一方面也应该将民俗风情园的特色体现出来，如可以在所配置的用品上印上宣传语，或添加一些本地特有的用品。

3. 房间清扫和退房检查服务（见表3-3、表3-4、表3-5）

表3-3 住房清洁服务程序与规范

工作程序		工作规范
程序1	准备工作车、敲门	◎客房服务人员将工作车推至要打扫的客房门前，然后敲门，准备打扫卫生
程序2	检查房内设施	◎在打扫房间期间，在房间门把手上悬挂“正在打扫”标识牌
		◎检查客房内的设施是否完好，如有无灯具损坏等情形
程序3	清理垃圾	◎客房服务人员对房间进行打扫
程序4	做床	◎按照园区客房中心的做床规定进行操作
程序5	抹尘、补用品	◎在抹尘过程中，尽量不挪动游客行李，只擦去浮尘即可
程序6	清洁卫生间	◎按照园区客房中心的规定进行操作
程序7	吸尘	◎客房服务人员如发现地毯上有污渍，应及时清除，不能清除的要向领班反映
		◎按从里到外的顺序逐一吸尘
程序8	检查房间	◎清洁完毕，将清洁用品放回工作车
		◎检查房间是否清洁、舒适
		◎若游客在房间，应向游客表示谢意

表3-4　玻璃或镜子清洁服务程序与规范

工作程序		工作规范
程序1	准备抹布和玻璃清洁剂	◎从工作间取两块干净的抹布以及玻璃清洁剂，不得用游客毛巾擦玻璃
程序2	将抹布对折两次	◎将抹布对折两次后放在手上
程序3	在玻璃或镜子上喷一两下清洁剂	◎左手三个手指加拇指握住玻璃清洁剂的喷壶，食指按住喷壶顶部，喷壶的喷口应朝外，以防清洁剂喷到脸上，在玻璃或镜子上喷一两下
程序4	擦拭镜面	◎从上到下、从左往右均匀擦拭镜面
程序5	擦干镜子	◎用另一块干净的抹布从上到下、从左往右地擦干镜子，确保镜子全部、透彻地被擦遍

表3-5　退房检查服务程序与规范

工作程序		工作规范
程序1	敲门进房	◎客房服务人员接到退房信息后，问清要退的房号，然后去查房 ◎敲门示意，如房内有游客，应待游客离开后再进房检查

续表

工作程序		工作规范
程序 2	检查房间	◎客房服务人员检查酒水消费情况，如有消费，应将消费品种和数量通知收银台 ◎检查房间内物品是否齐全完好 ◎检查房间内有无游客遗留物品，如有应立即交还给游客；若游客已离店，应将遗留物品交至客房中心保管
程序 3	报告登记	◎客房服务人员将查房结果迅速反馈至前台 ◎退房后，通知楼层服务人员尽快打扫房间，并更改房态信息

3.2.2 对客服务管理

1. 游客换房服务规范

（1）游客提出换房要求时，客房服务人员应向前台了解有无符合游客要求的房间。若暂时没有，则要向游客说明。

（2）在为游客换房时，应按其具体要求安排房间，并在接待通知单上注明，以便客房部及时处理。

（3）客房服务人员要与游客确认换房时间。

（4）因民俗风情园方面的原因，需要游客换房时，客房服务人员应向游客解释清楚并取得游客的谅解与配合。

2. 客房加床服务（见表3-6）

表3-6　客房加床服务程序、目标与关键点

<table>
<tr><th>工作程序</th><th>工作目标</th></tr>
<tr><td rowspan="3">开始 → 游客提出需求 → 开具加床单 → 将单据报园区客房部领导审核 → 准备床和其他用品 → 将物品送入游客房间 → 整理床铺并摆好物品 → 请游客在单据上签字 → 结束</td><td>（1）工作迅速，一次性补充齐全游客所需用品
（2）工作无差错</td></tr>
<tr><td>工作关键点</td></tr>
<tr><td>（1）进入游客房间之前，要征得游客同意，方可办理加床服务
（2）其他用品包括床单、被罩、毛巾、洗浴用品等</td></tr>
</table>

3. 收送游客衣物服务（见表 3-7）

表 3-7　收送游客衣物服务程序与规范

工作程序	工作规范
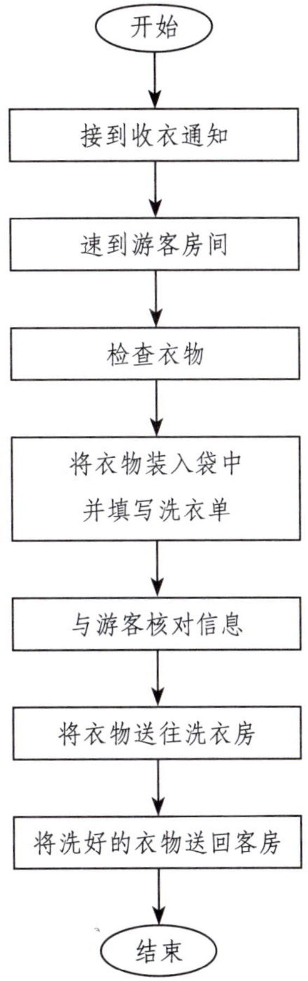	（1）接到洗衣房通知或游客电话，按要求上门收衣 （2）收到通知后，应立即前往游客房间，按敲门程序进入游客房间 （3）检查游客衣物件数、衣物里有无遗留物（若有应立即归还给游客）、衣物有无破损等 （4）按民俗风情园客房部要求填写洗衣单 （5）与游客核对洗衣信息，如衣物件数、洗涤方式等 （6）及时将衣物送往洗衣房 （7）将洗好的衣物送往对应的客房，并请游客在单据上签字确认

4. 借用物品服务（见表3-8）

表3-8　借用物品服务程序与规范

工作程序	工作规范
开始 → 游客要求借用物品 → 确认物品可借 → 填好借用物品单据 → 将所借物品送入游客房间 → 及时回收物品 → 检查并记录 → 结束	（1）问清游客的房号、姓名、借用物品名称和数量 （2）检查物品数量是否足够、性能是否完好 （3）在借用物品登记表上登记借用信息 （4）将物品送入游客房间，并视物品性能向游客说明使用方法及注意事项 （5）如超过租借时间，游客仍未归还物品，可主动向其询问；收取物品时，应做必要的检查 （6）游客归还物品后，应及时对物品的状态信息进行更新

3.3　住宿管理

3.3.1　入住登记管理

对住宿的游客进行身份登记是十分必要的，有助于保障民俗风情园的正常经营和游客生命财产的安全。为此，应遵守如下入住登记制度。

入住登记制度

第 1 条　凡是入住民俗风情园的游客一律凭身份证、护照等有效证件到前台进行登记。

第 2 条　游客需要登记的内容包括姓名、身份证号、住宿房间、天数等。

第 3 条　设置专人负责入住登记，负责人要及时填写住宿人员信息，对登记者所提供的登记材料进行验证，确保资料的真实性。

第 4 条　没有证件或证件可疑的游客，要问清情况和原因，暂不安排入住，并立即向当地派出所如实报告。

第 5 条　有以下情形者，一律不予以接待：

（1）携带法律、法规不允许携带的危险物品者。

（2）法律、法规规定的其他情况。

3.3.2　客房安全管理

游客对住宿的要求是：享受热情周到的服务，入住优雅舒适、干净卫生的客房。但这些都是以安全为前提的，对此，民俗风情园在客房安全管理方面至少需做好如下 3 项工作。

1. 行李物品管理

对于游客的行李物品，客房服务人员有提醒及协助保管之责，具体内容见表3-9。

表3-9 游客行李物品管理

工作要求	说明
密切关注	对于尚在大厅办理入住手续的游客，客房服务人员要密切关注游客的行李，以免丢失；当游客结账或外出时，客房服务人员应及时提醒游客照看好行李
确保安全	当游客的行李远离行李员的监护范围时，客房服务人员应及时提醒游客或行李员；寄存的行李要确保其安全性
帮助查找	对于游客丢失的行李，要问清事情发生的时间、地点，丢失财物的数量、名称和价值，并协助游客查找

2. 电梯困人处理

电梯困人是电梯产生故障的一种表现形式。当电梯某个部件或控制系统发生异常时，会阻碍电梯正常运行，从而导致电梯困人事件的发生。民俗风情园的工作人员应做好这一事件的处理工作，具体内容见表3-10。

表3-10 电梯困人处理要求

步骤	处理方式
密切关注	在巡逻过程中，保安人员应时刻密切关注电梯的运行情况，发现异常情形，要及时与有关部门和人员取得联系
发现异常	若发现有游客被困在电梯内，如有闭路电视监控系统及对讲机，则需将监控镜头切换至困人电梯，随时

续表

步骤	处理方式
发现异常	观察电梯内的情况，并及时通知相关人员到电梯门外；若能与被困人员取得联系，则需详细了解被困人员情况，并与被困人员保持联系，进行心理安慰
报告情况	联系部门值班经理和大堂经理，汇报有关情况；立即通知电梯维修人员前来修理电梯并使被困人员尽快脱困，必要时请求多方援助；被困人员中如有老人、小孩、孕妇或存在被困人多供氧不足情况时需特别留意，必要时可请求消防人员予以协助
处理记录	被困人员被救出后，需询问其是否需要帮助、有无不适、是否需要到医院就诊等，并对其进行抚慰；维修结束后，听取维修人员汇报故障原因，详细记录故障情况并存档

3. 客房消防管理

民俗风情园的客房消防管理工作可从 4 个角度入手，具体内容见表 3-11。

表 3-11　客房消防管理工作内容及要求

工作内容	工作要求
组织机构	成立消防安全委员会，全面负责辖区的消防安全工作
管理制度	园区保安部协同各部门制定切实有效的消防安全管理制度；与各部门签订消防安全管理责任书；实行三级防火责任制

续表

工作内容	工作要求
消防培训	园区保安部组织实施消防安全培训，消防知识培训要做到 100%；开设消防安全专栏；定期举行消防演习
消防巡查	巡查重点区域为：疏散通道检查、烟温感报警系统巡查、防火卷帘门系统巡查、应急广播系统巡查、排烟系统巡查、消火栓系统巡查

3.3.3 客房信息化管理

在互联网时代，信息化浪潮扑面而来。对于客房部而言，其面临着日趋激烈的市场竞争环境和不断攀升的游客期望，信息化管理对民俗风情园做大做强、规范管理、增强竞争优势起到至关重要的作用。

客房管理的目的是成本控制、运营控制，其最终结果表现为效率和效益。而要达到这一目的，管理数据的及时性、准确性、完整性、有效性是至关重要的，而这些特性恰恰是信息系统最重要的特点。对此，民俗风情园在客房管理上需加强 3 个方面的工作，具体内容见表 3-12。

表 3-12 客房信息化建设

影响	表现
网上预订	在电子商务大行其道的年代，网上预订已成为酒店最基本的信息化步骤。在现代人随时随地上网的时代，网上预订无疑是比电话预订更便捷、更有效的手段

续表

影响	表现
硬件设施智能化	电子化、智能化、网络化的先进设施设备开始出现在民俗风情园内，如磁卡锁、IC 卡锁、感应卡锁、指纹触摸锁等各种安全性更高的设备被应用到客房管理中。这样有助于降低运营成本，确保民俗风情园的安全运营
人性化服务	可以更加深入、细致地进行市场调研和市场细分，建立详细的游客档案，记录曾经接待过的每一位游客在房间类型、朝向等方面的禁忌或是偏好，便于满足消费的个性化、特殊化需求，实现“一对一”的特定营销

第4章 民俗风情园餐饮服务

餐饮服务概述

园区餐饮服务管理

4.1 餐饮服务概述

4.1.1 园区餐饮服务特点

民俗风情园作为景区的一种形式，在餐饮服务方面与其他景区存在众多相同之处。但基于民俗风情园的特点，使其在餐饮服务方面与一般景区仍有所区别。

1. 客源多样

由于民俗风情园是旅游景点，客源多以游客为主，不同地区的游客具有不同的消费习惯和消费水平，使得园区餐饮客源结构呈现出多样性的特点。

2. 经营管理复杂

客源结构的多样化导致游客消费需求的多元化。这就对民俗风情园的餐饮在市场营销和产品推陈出新等方面提出了更高的要求。因为只有不断对其产品和服务进行改进，才能满足不同地域、不同层次游客的消费需求。这使得园区餐饮的经营管理存在着极大的复杂性。

3. 与园区其他业务存在较强关联

从整个产品价值链的角度看，民俗风情园的餐饮在市场营销、人力资源、设备管理等方面都依赖于园区各项业务的发展。例如，只有整个园区的客流量增加，才会带来足够多的餐饮客流量等。

4. 多元化的餐饮经营主体

园区餐饮的强关联使得经营管理主体呈现多元化的特征。从管理体系上说，园区餐饮管理不完全隶属于某个部门，而是由多个部门共同管理。目前，民俗风情园内的餐饮单位多是以招商引资的方式招揽经营主体，所以在经营主体上，既有原来规划者的自主经营，也有外来承包者的经营。

5. 餐饮服务的民俗特色

民俗风情园的餐饮服务除了具有其他景区的特点以外，还具有自身特点，民俗特色就是其中最突出的一个特点。

除了固定点位的餐饮服务以外，民俗风情园的餐饮服务还存在于某些民俗活动的中间环节。这类餐饮服务强调游客对民俗活动的体验，如苗寨民俗活动中的拦门酒、民俗庙会上的民俗餐饮制作体验等。

4.1.2 园区餐饮服务类型

根据园区餐饮服务的特点，民俗风情园餐饮服务除了要承担一般景区的餐饮服务任务以外，还要承担民俗风情园独有的餐饮服务任务，具体内容见表 4-1。

表 4-1 园区餐饮服务主要类型

分类	类型	说明	特点
按服务对象分	团队餐饮服务	主要是针对以团队形式进行旅游活	（1）客流量大，但人均消费水平低

续表

分类	类型	说明	特点
按服务对象分	团队餐饮服务	动的游客而开展的餐饮服务，如普通团队游客以及参加会议等特殊团队游客	（2）游客对食品卫生和菜品特色等问题比较关注 （3）团队餐饮服务更注重高工作效率，不要求过高的服务标准
	散客餐饮服务	主要是针对零散游客而开展的餐饮服务，散客餐饮是相对于团队餐饮而提出的餐饮服务对象	（1）快捷方便，充分体现园区当地饮食文化 （2）游客对餐厅布局和产品创新等问题比较关注 （3）散客餐饮服务对市场营销和产品创新等方面的要求较高
按服务内容分	常规餐饮服务	主要是提供社会上普遍存在的常规餐饮服务，如快餐厅、咖啡厅、酒吧、酒店餐饮、西餐厅、中餐厅等	（1）园区中此类餐饮服务居多，消费水平根据餐厅的服务水平和规模而定 （2）游客对产品质量、安全、特色等有着较高要求 （3）此类服务在园区中应突出餐饮的民俗特色
	民俗活动性餐饮服务	主要是指包含在各类民俗活动中的餐饮服务，如临时民俗节庆活动中的美食活动、固定民	（1）具有较强的活动性，消费情况视整体活动而定 （2）游客在参与过程中更注重体验，比较关注餐

续表

分类	类型	说明	特点
按服务内容分	民俗活动性餐饮服务	俗活动中带有餐饮性质的互动环节等	饮特色 (3) 此类服务对策划、创新以及组织等方面有较高的要求

4.2 园区餐饮服务管理

4.2.1 园区餐饮单位的选址

一般来说，园区餐饮单位是园区管理部门通过招商引资引进的，所以餐饮单位的选址工作是在园区基础设施建设完毕的基础上进行的。对于餐饮单位的经营者来说，没有正确的选址，只有合适的选址。因此，在进行选址时应考虑多方面的因素，如图 4-1 所示。

1. 园区规划

经营者在进行餐饮店面的选址之前，首先应该了解园区规划。一般来说，园区内的设施都是由有关部门统一规划和管理。所以，餐饮单位的选址应该在园区规划范围之内。如某些民俗风情园会规定在专门的美食一条街进行餐饮活动，那么餐饮单位经营者只能在此类地方选址。

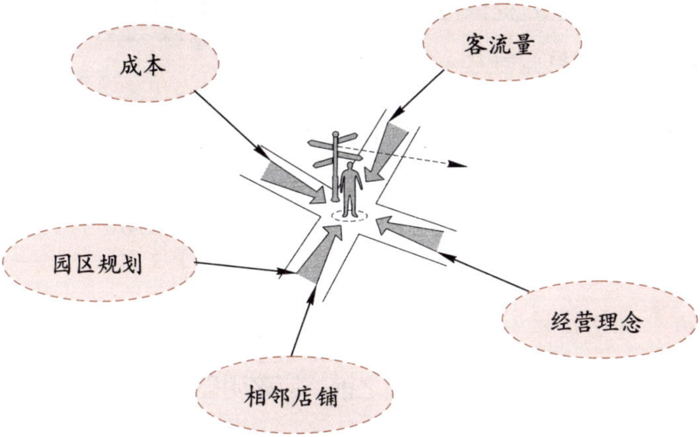

图 4-1 餐饮单位选址应考虑的因素

2. 成本

成本是经营者在进行选址时应考虑的关键要素。在园区中，每一个地段的价位都是有所差别的，黄金地段的租金往往会高于普通地段，面积越大的店铺，租金成本越高，那么餐饮单位经营者投入的成本就越高。所以，作为餐饮单位经营者，应根据自身所能承受的投资成本量力而行。

3. 客流量

客流量是影响餐饮单位选址的重要因素之一。园区的客流量一般与交通、景点和公共区域的设置有关，越靠近交通便利和景点的位置，客流量越多。因此，餐饮单位经营者在选址时应尽量靠近以上位置。

4. 经营理念

经营者的经营理念往往决定了一个餐饮单位的服务特色。若经营者的经营理念是提供特色民俗餐饮，则在举办相应民俗活动的景点处选址会更具竞争力。

5. 相邻店铺

相邻店铺的经营也会影响餐饮单位的选址。一般来说，相邻店铺应该形成互补优势，避免因提供同质服务而产生竞争。

4.2.2 园区餐饮单位的设计

园区餐饮单位在进行设计之前，应该明确自身定位，包括餐饮单位的规模、餐饮单位的服务任务等。

一般来说，在园区中，根据餐饮单位的规模可以将餐饮单位划分为不同的类型，如图 4-2 所示。

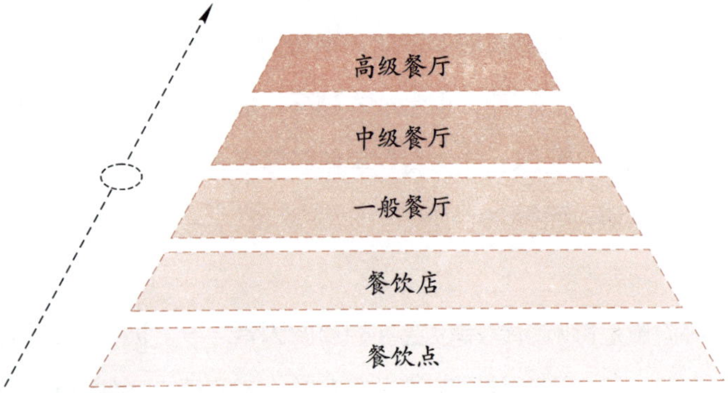

图 4-2 按规模划分餐饮单位的类型

1. 餐饮单位设计要点

不论何种规模的餐饮单位，在设计时都应做到应景应情，贴合所在园区的文化氛围。同时还要有所创新，将自己的经营理念融入设计之中。

园区中的餐饮单位在设计风格上应突出其地域和民族特色，这种特色包括饮食设计、装饰设计、服务设计等方面，将风土人情、民俗历史文化进行具象化的呈现，以此给游客带来视觉体验和精神层面的享受，如图 4-3 所示。

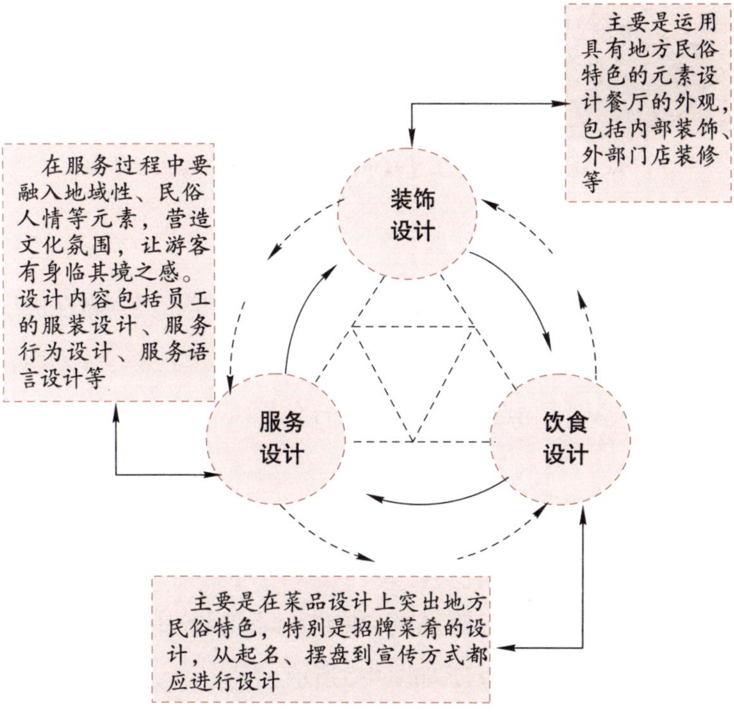

图 4-3 民俗特色设计要点

这 3 项设计应该是一个统一的整体，在单独进行某一项设计时，也应考虑另外两项的配合。

2. 餐饮单位设计成本评估与预算

在这一环节，餐饮单位需考虑的成本包括单位装修的设计成本、选材成本、施工成本等，如图 4-4 所示。

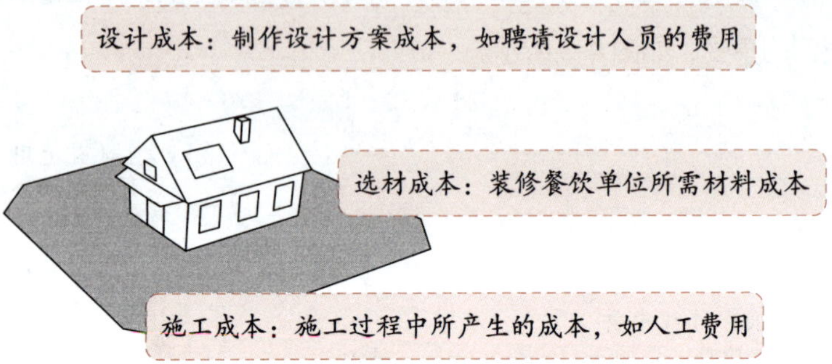

图 4-4　餐饮单位完成设计所需成本

这 3 类成本是完成设计必不可少的成本费用。经营者在进行设计之前应认真考虑自身条件，要保证投入的成本能够带来预期收益，在这个基础上再选择合适的设计方案。

4.2.3　园区餐饮经营方式的选择

1. 餐饮经营方式

园区餐饮单位依据其定位将会提供不同的服务并选择适合自身的经营方式。一般经营方式如图 4-5 所示。

经营者可以根据自身情况进行经营方式的选择，既可以进行单一选择，也可以进行组合选择。最终将通过几种不同经营方式的组合达到最大限度地吸引游客的目的，创造属于自己的价值。

单一经营	是指提供一般餐饮服务，且只从事餐饮服务的经营方式，如冷饮店、咖啡厅、快餐店等
组合经营	是指除了提供餐饮服务以外，还提供其他类型服务的经营方式，如酒店、加入民俗表演的餐厅等
特色经营	是指提供具有独特民俗风情的餐饮服务的经营方式，如兰州拉面馆、云南过桥米线店等
连锁经营	是指以连锁加盟方式进行餐饮服务的经营方式，如肯德基、麦当劳等
店面经营	是指以固定店铺形式为游客提供餐饮服务的经营方式
流动经营	是指以流动摊位形式为游客提供餐饮服务的经营方式

图 4–5　餐饮经营方式

2. 影响经营方式选择的因素

园区餐饮单位经营者在选择经营方式之前，应考虑各方面的影响因素，对自身进行明确的定位，然后根据实际情况选择能够吸引游客的经营方式。一般影响经营方式选择的因素包括 6 个方面，如图 4-6 所示。

图 4-6 影响经营方式选择的因素

4.2.4 园区餐饮菜单管理

对于餐饮企业来说，菜单是商品目录，是与游客进行商品买卖的契约。同时，菜单还是展示企业形象的名片，它体现了一家餐饮企业的经营思路和经营特点。游客是否选择在此进行消费以及消费多少，很大程度上受到菜单的影响，所以应注重对菜单的管理。对于菜单的管理一般可从以下 3 个方面进行。

1. 菜单设计与制作管理

（1）设计依据。菜单设计的依据一般包括 4 个方面的内容，如图 4-7 所示。

（2）菜单类型。在进行菜单设计之前应明确菜单类型，根据游客特点、价格形式以及使用方式，可以将菜单分为固定菜单、循环菜单、单点菜单、套餐菜单、混合菜单、翻阅式菜单、挂墙式菜单、海报式菜单等类型，见表 4-2。

目标市场需求 → 包括游客的饮食习惯、口味爱好、消费水平等

餐饮产品结构 → 包括花色品种、产品数量、利润结构、营养结构等

原料供应情况 → 包括原材料产地、季节、供求变化等

餐饮生产条件 → 包括餐厨设备条件、员工技术水平等

图 4-7 菜单设计依据的内容

表 4-2 菜单类型

分类	类型	说明	设计要求
按游客特点分类	固定菜单	即标准菜单，此类菜单适用于用餐游客人数较多且客流量较大的餐厅，如观光饭店、一般餐馆等	菜单相对稳定，至少在数月之内保持不变，但仍需定期更新，所以要做足准备工作
	循环菜单	此类菜单以一定天数为周期循环使用。一般用于客流量比较集中、流动性较低的餐厅	根据市场特点预定循环周期天数，按照预定的周期天数制定出一套菜单。如用餐游客更换不频繁，则周期可以适当延长，一般周期可在 30～40 天之间；如若是观光饭店使用循环菜单，周期可以缩短，一般为一个星期左右

续表

分类	类型	说明	设计要求
按价格形式分类	单点菜单	其特点是每一道菜式都注明价格	这是一种使用最广泛的菜单形式，适用于各类餐厅、咖啡厅，也适用于观光饭店，但不适用于团体餐厅、自助餐厅，也不适用于宴会、酒会等大型餐饮服务
	套餐菜单	是指固定价格的套餐，价格以套餐为单位	套餐内应包括主菜和辅菜，一般分为中式套餐和西式套餐。民俗风情园的餐饮可以根据自身特色制定套餐类型，也可以根据市场需求推出不同的套餐
	混合菜单	综合了单点菜单与套餐菜单的特点和长处，既有单点菜品，也有套餐菜品	菜单设计可以以套餐形式为主，也可以以单点形式为主。其中主菜根据食用形式，分为单点价格和套餐价格，同时也设计部分辅菜的单点价格
按使用方式分类	翻阅式菜单	是指游客可以在餐桌边翻阅查看的手持类菜单	应设计精美、内容详尽，利用各种形式来突出自身的经营理念

续表

分类	类型	说明	设计要求
按使用方式分类	挂墙式菜单	是指悬挂在店内墙上供游客浏览的菜单	尽量简练，字体和间距要加大，突出主要菜品和推荐的菜式
	海报式菜单	是指供宣传用的菜单，此类菜单一般放置在店门外，用于招揽游客	突出餐厅特色，如可设计新菜品推出菜单、促销菜单等

（3）菜单设计技巧。为有效地突出餐饮特色，吸引游客，在进行菜单内容的设计时，可以运用如图 4-8 所示技巧。

（4）菜单价格设定。菜单价格设定是否合理将会直接影响企业能否有效吸引游客，能否产生利润，能否塑造企业形象，能否在同行之间具有竞争力。因此，在进行菜单价格设计时，应考虑多方面的情况，运用合理的方式确定价格，达到管理价格的目的。价格设定思路如图 4-9 所示。

（5）菜单制作管理。制作菜单时，应在综合考虑餐厅的类型、规格以及制作成本的基础上选择材料。长期重复使用的菜单应选择经久耐磨又不易沾染油污的贴膜纸；一次性菜单一般不需要使用以上材料，但也不能过于粗糙。菜单内页与封面应该区分用材。

封面和封底、文字、插图的色彩、规格和篇幅、使用的照片和图形等都应该根据游客的需求进行设计，保证既清晰又美观，达到吸引游客眼球、激发游客消费欲望的目的。

图 4-8　菜单设计技巧

2. 菜单使用管理

在使用菜单时，不仅要把菜单作为推销菜品的工具，更要把菜单作为展示餐饮单位形象的窗口。应根据不同游客的特点为其推荐菜品，并采用适当的方式刺激游客进行消费。

3. 菜单评估与淡旺季调整管理

菜单投入使用后，应观察游客在使用菜单时的反应，并收集游客的反馈意见，结合消费情况对菜单进行评估。根据评估结果对菜单进行适当的改进。

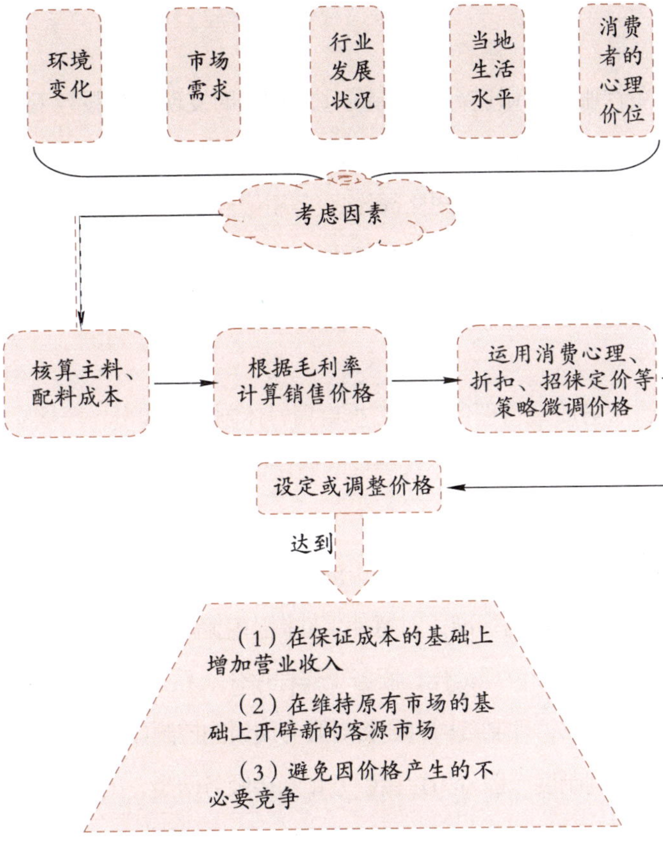

图 4-9 价格设定思路

在民俗风情园，一般会出现旅游的淡季和旺季。在淡季和旺季所使用的菜单应该是有所区别的。尤其是在价格和菜品上，淡季时价格应该适度调低，菜品相应减少；旺季时价格可以适度调高，在保证质量的前提下菜品应尽可能丰富。

4.2.5 园区餐饮服务质量控制

对餐饮服务质量进行控制是为了能够及时发现餐饮服务工作中存在的问题，并针对问题采取相应的措施，使服务质量不断得到改进和提高。为了更有效地进行餐饮服务质量控制，应建立一个完善的服务质量管理体系。建立服务质量管理体系应明确以下几个方面的内容。

1. 明确领导方式

餐饮服务质量管理体系应按垂直领导体制进行建设，严格实施逐级向上级负责、逐级向下级考核的质量管理责任制。

2. 制定规程和制度

在制定服务规程时，管理人员应明确服务各个环节的动作、语言、时间、用具等的标准，对意外事件提出化解方法，使得服务质量标准化，服务岗位规范化，服务工作程序化、系列化。

在制定日常管理制度时，要将对服务质量的控制体现在制度中。服务质量控制制度一般分为直接服务和间接服务两类，见表 4-3。

表 4-3 服务质量控制制度

类型	举例
直接服务	餐饮产品质检制度、餐厅各岗位操作服务办法、餐具更新与补充规定等
间接服务	餐饮工作记录办法、交接班制度、考勤制度、游客档案管理制度、游客损坏餐具赔偿制度等

3. 加强人员培训与管理

为了使制度深入人心，餐饮单位首先应该对全体员工进行培训，提高员工对制度的熟悉程度，使员工学会如何正确地进行服务。其次，在执行规定的过程中，管理人员要根据服务人员的制度执行情况给予服务人员奖励或惩罚。

4. 进行质量监督检查

为了使制度得到有效落实，餐饮单位应对全体员工的服务工作进行检查。

（1）餐饮服务质量监督检查的依据。餐饮服务质量监督检查标准需根据国家旅游局评星标准及评分原则，结合所在单位的实际情况进行制定。

（2）服务质量监督检查的方式方法。服务质量监督检查可以采用每日例行检查与突击检查相结合、专项检查与全面检查相结合、明查与暗查相结合的方式进行。

对餐饮单位员工服务工作质量的检查具体方法有电话询问、口头提问、听取用餐游客意见等。

（3）餐饮服务质量监督检查的内容。餐饮服务质量监督检查的内容主要包括 8 个方面，如图 4-10 所示。

（4）服务质量监督检查工作的开展。按照垂直领导体制，在开展服务质量监督检查工作时，每一层管理者都要对下一层的工作进行监督和检查，其中的要点如下：

1）单位定期组织经理级以上人员对各营业点的服务质量进行检查。

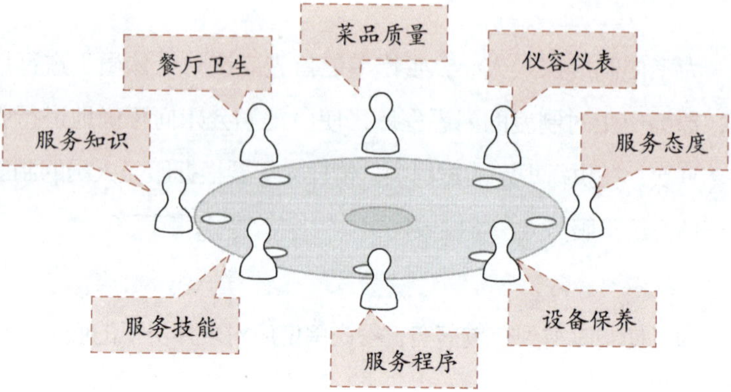

图 4-10 餐饮服务质量监督检查的内容

2）餐饮经理应采取定期检查或随机抽查的方式对各营业点在开餐过程中的服务质量进行检查。

3）各营业点管理人员要加强现场管理督导，做好逐日考核记录，以作为奖罚的依据，并在每周例会上汇报讨论质量管理情况和改进措施。

4）各营业点应设立游客意见征求簿，及时处理游客的投诉，并做好统计反馈工作。主管和领班应经常征求订餐游客和接待单位的意见，后台部门应征求前台部门的意见，了解游客的质量反馈。

5）聘请专家对餐饮服务质量进行临时暗访检查。

（5）监督检查后续工作要点。监督检查结束后，并不意味着工作的结束，后续工作要点如下：

1）各级检查人员应对检查结果进行认真记录，并公布检查结果。

2）对各营业点的服务质量及时分析评估并出具报告，定期开展交流和评比活动。

3）对检查出质量问题的营业点，必须制定切实可行的改进措施并要求其限期改正。

5. 意外情况处理

服务人员在进行服务的过程中会出现某些意外情况，如果处理不当将会导致游客对服务质量产生怀疑。因此，对于意外情况的发生，需要采取有效的办法进行处理。一般先由相关责任人进行现场处理，如果相关责任人无法解决则要及时向上级部门汇报，由上级部门派员到现场进行处理。在处理意外情况时，服务人员要保持良好的态度，以游客为中心，以解决问题为目的，迅速化解危机。

第5章

民俗风情园娱乐服务

娱乐服务设计

娱乐服务管理

5.1 娱乐服务设计

实例参考

《印象大红袍》是以武夷山为地域背景，以武夷山茶文化为表现主题的大型实景演出。该演出以独特视角，向来自世界各地的观众展示不同的武夷“山水茶”文化。

《印象大红袍》山水实景演出的推出，打破了固有的“白天登山观景、九曲泛舟漂流”的传统旅游方式与审美方式，生动地展示了夜色中的武夷山之美。

5.1.1 娱乐服务特点

民俗风情园提供的娱乐服务是多种多样的。例如按场地可分为舞台类、广场类、村寨类、街头类、流动类（如大篷车歌舞）、特有类（如滑翔基地）等；按活动规模和提供频率可分为小型常规娱乐和大型主题娱乐等。无论何种形式，概括起来，其设计的娱乐项目应具备 3 个特点，如图 5-1 所示。

5.1.2 娱乐服务设计流程

民俗风情园的娱乐服务设计是一项系统工程，其设计需遵循一定的流程。图 5-2 提供了一则示例。

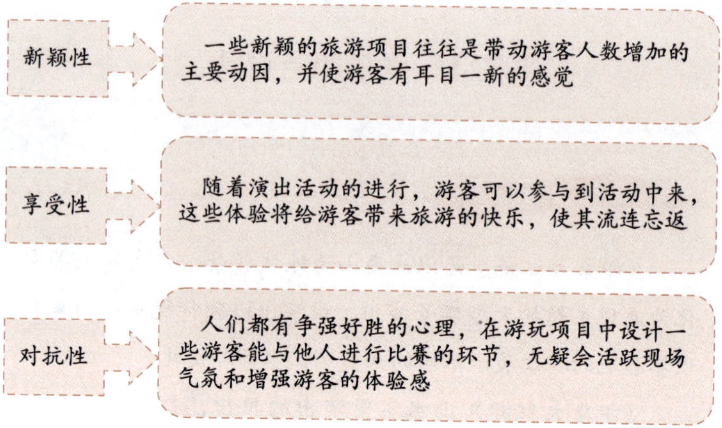

图 5-1　民俗风情园娱乐服务项目特点

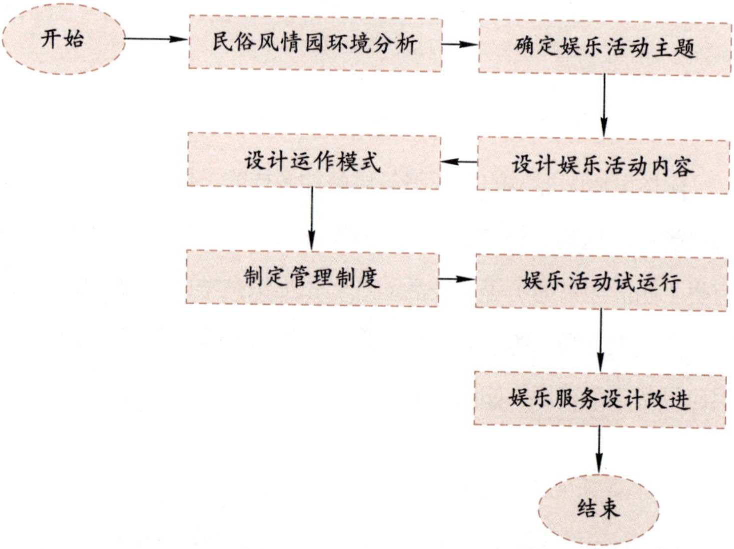

图 5-2　民俗风情园娱乐服务设计流程

5.1.3 娱乐服务运作策略

1. 品牌化运作策略

在激烈的市场竞争中，园区要想立于不败之地就必须加强品牌管理，形成园区的核心竞争力。

民俗风情园的管理者要想树立起园区品牌，至少需要做好 5 个方面的工作，具体内容见表 5-1。

表 5-1 民俗风情园品牌化运作策略

品牌运作	说明
品牌定位	品牌定位就是寻找民俗风情园景区的“主题”内涵，需符合如下两点要求： （1）要迎合并引领市场需求 （2）要基于自身资源和文化内涵，突出自身独有的特色
品牌设计	品牌设计主要包括 logo 设计和形象口号设计，品牌设计若能体现品牌个性，就可以为后续品牌宣传奠定较好的基础
品牌传播	品牌传播是品牌运营的途径，品牌传播形式主要有如下 3 种： （1）传统媒体传播（报纸、广播、电视等） （2）新媒体传播（网络、手机等） （3）活动传播（节庆、事件等）
品牌保护	品牌保护主要是从知识产权的角度，保护民俗风情园的品牌资产

续表

品牌运作	说明
品牌扩张与延伸	通过品牌扩张与延伸，进行品牌授权、品牌转让等，获取品牌带来的附加值。一般来说，品牌扩张与延伸有两种方式：一是连锁店式的扩张，二是产业链扩张

实例参考

杭州宋城集团在宋城景区开发成功之后，便推出了“杭州乐园”“山里人家”“东方文化园”等主题公园。这些主题公园利用宋城的品牌知名度和市场号召力，迅速打开了市场。

2. 市场化运作策略

市场化运作是在市场经济条件下，利用市场作用对民俗风情园进行经营管理的一种有效方式。

（1）娱乐活动市场化运作。民俗风情园的活动主要包括娱乐项目和文艺演出两项内容。园区可视情况将部分业务外包出去，以降低运营成本，并增强自身的核心优势。

（2）资金筹集运作方式。在资金方面，民俗风情园可以通过企业提供赞助的方式来运行，这也是实现市场化运作的一种方式。当然，企业的赞助不可能是无偿的，对此，园区可以借助景区主题活动的名号来为企业做宣传。

3. 持续创新策略

民俗风情园只有不断推出新的能打动人心的产品，才能让游客感到新鲜，才能吸引游客，这就要求民俗风情园在经营管理上做到不断创新。

创新并不意味着要将一切推倒重来，也不等于刻意追求新奇，要知道适度改良和持续改良都是一种创新。民俗风情园在建设完成之后，虽然在整体格局方面再进行大的改动是不太现实的，但是通过适度改良和持续改良，实现景区产品的局部创新，既是必要的，也是完全可能的。表 5-2 为一则设计示例，供读者参考。

表 5-2 设计示例

问题	改进建议
有游客对某一旅游景点有这样的抱怨：该景点的自然风光是挺美的，但可惜的是山顶视野开阔之处，要么没有观景平台，要么亭台楼阁建造得很粗糙	在山顶风景绝佳之处，重新设计和修建观景平台，视情况还可配备必要的休闲服务设施

从表 5-2 中可以看出，就民俗风情园而言，对其产品的持续改良关键在于迎合市场需求，即应以丰富游客的旅游体验、提高游客的舒适度和满意度、体现人性化设计为出发点。

实例参考

迪士尼有句口号叫“永远建不完的迪士尼”。其在经营项目上一直采用“三三制”，即每年都要淘汰三分之一的硬件设备，建设三分之一的新概念项目，不断带给游客新鲜感。

5.1.4 娱乐项目设计

民俗旅游具有很强的民族性和地域性特点，对于长期生活在都市“水泥森林”环境中的居民来说，这一旅游形式具有很大的吸引力。在民俗风情园的娱乐服务活动中，使游客获得参与感、体验感是其核心吸引力所在。

1. 体验娱乐设计

随着社会的进步和人们生活水平的提高，人们对旅游消费的需求日趋强烈，单一的观光式旅游已满足不了人们的需求，人们希望能参与到各种体验活动中来。于是，体验娱乐项目的设计便成为民俗风情园的重要任务之一。

体验娱乐项目的形式很丰富，图 5-3 给出了一则示例。

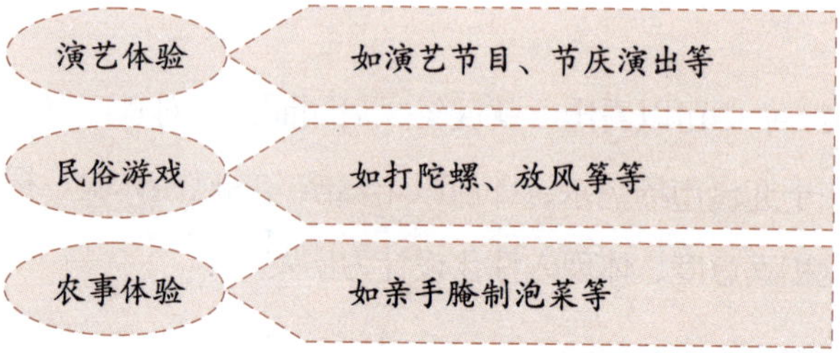

图 5-3 体验娱乐项目设计示例

其中，节庆活动设计是民俗风情园用以引爆营销的一种重要方式。那么，如何策划一次成功的节庆活动呢？

（1）市场调查。调查研究是民俗风情园进行节庆活动设计的首要环节，调查内容主要包括 5 点，如图 5-4 所示。

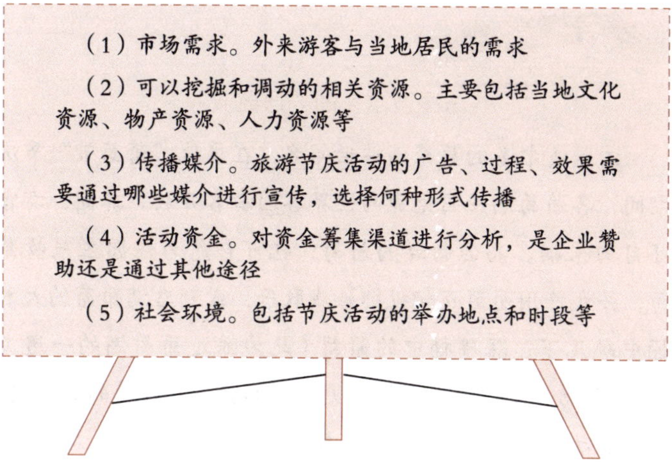

图 5-4 市场调查的内容

（2）选好主题。国内外一些成功的节庆活动策划都具有鲜明的民族特色，切合当地实际和风俗习惯。

节庆活动主题主要有两种，如图 5-5 所示。

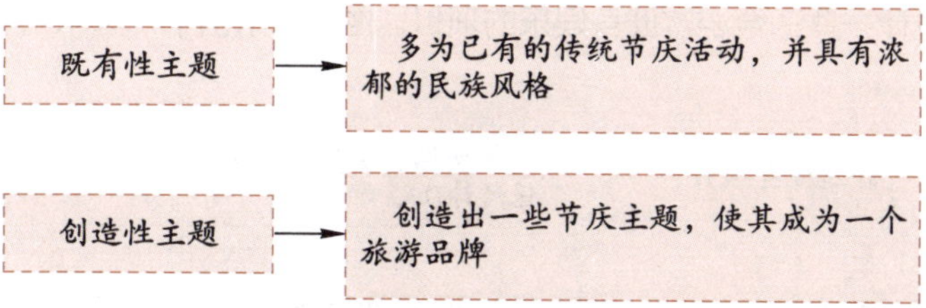

图 5-5 民俗风情园节庆活动主题设计

（3）准确定位。节庆活动的目标市场定位是成功的基础，不同的节庆活动有不同的消费对象，如艺术节与美食节的消费对象就不同，节庆活动策划要采取与之相应的营销策略。

实例参考

法国波尔多的“葡萄节”

法国波尔多的葡萄酒举世闻名，在当地“葡萄节”节庆期间，各葡萄酒庄园免费向世界各国游客开放。其间，游客可自由采摘、品尝新鲜的葡萄，也可自愿为庄园主采收葡萄，并允许用葡萄互相投掷嬉戏取乐，或到盛满葡萄的大木桶中跳几下，踩碎桶中的葡萄（此为酿造葡萄酒的一道工艺），帮助一起酿造葡萄酒，更可以品尝到最鲜美的葡萄酒。这些活动给游客带来无穷的乐趣。

（4）寻求创新。节庆活动内容要有新意，只有持续创新，才能不断吸引游客的眼球。

2. 健身娱乐设计

为满足人们锻炼身体和娱乐休闲两方面的需求，民俗风情园还应设计一些适合游客健身娱乐的项目。图 5-6 给出了一则示例。

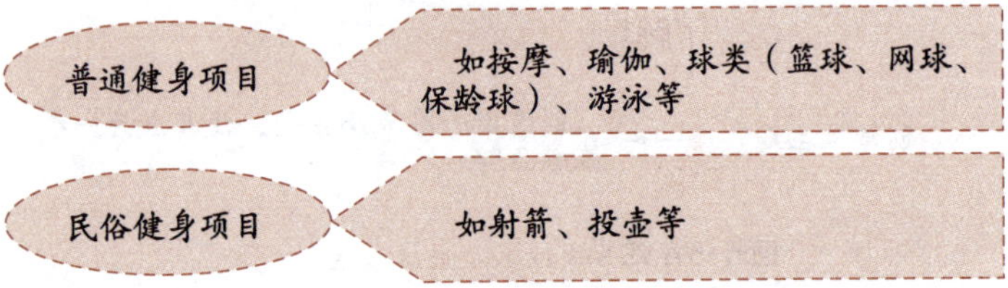

图 5-6 民俗风情园健身娱乐项目设计（部分）

3. 养生休闲娱乐

如今，人们越来越注重生活品质，健康养生、休闲娱乐成为消费热点。养生休闲内容丰富，形式多样，如温泉养生等。民俗风情园应根据自身实际，开发一些养生休闲项目，便于游客选择。

实例参考

泰国华欣有迷人的海滩、风景优美的度假村等，并且它还是著名的世界级养生目的地。在那里，游客可以享受按摩、身体护理和面部护理以及其他旅游服务，因而受到众多旅游爱好者的追捧。

5.2 娱乐服务管理

5.2.1 影响因素

民俗风情园娱乐服务质量是园区生存和发展的基石，提高园区娱乐服务质量是增强园区核心竞争力的关键举措之一。要提升园区娱乐服务水平，需先了解其影响因素，如图 5-7 所示。

实例参考

去过麦当劳、肯德基的朋友可能会注意到，这些地方都有高、低两个洗手台。因为这样的设计，小朋友在用餐过程中要洗手不用家长陪同或抱起来，自己就可完成。这样的设计便是优质服务水平的一种体现。

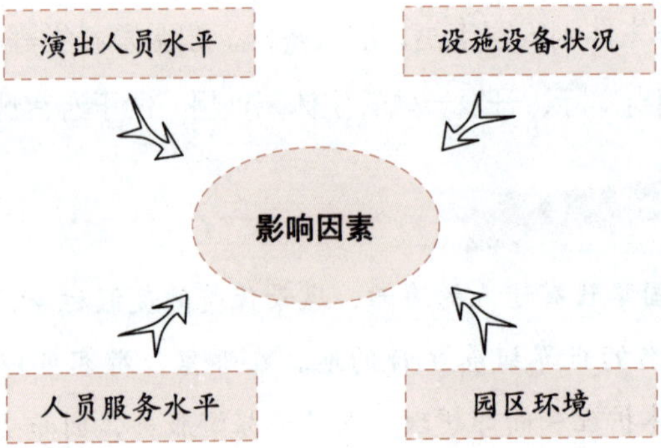

图 5-7 影响园区娱乐服务管理的主要因素

5.2.2 具体措施

为提升民俗风情园的服务水平，园区可从 4 个方面着手，如图 5-8 所示。

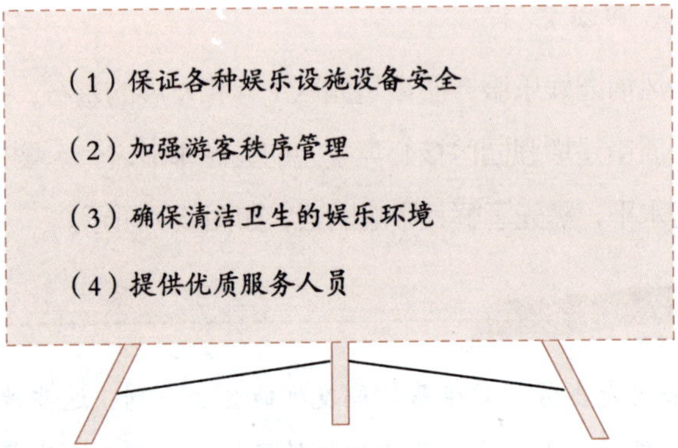

图 5-8 具体措施

民俗风情园相关游乐设施安全管理制度及服务人员要求样例如下。

游乐园安全管理制度

为保障游乐园的安全运营，以及为游客提供安全、方便、舒适、高效的服务，特制定本制度。

第1条　安全作业要求

（1）游乐设施的操作人员须持证上岗。

（2）设备操作人员在工作过程中应严格按照安全服务操作规程作业。

（3）谢绝不符合乘坐条件的游客参与游乐活动。

第2条　游客安全

（1）在游乐活动开始前，应对游客进行安全知识讲解和安全事项说明，认真详细指导游客正确使用游乐设施，确保游客掌握游乐活动的安全要领。

（2）向游客详细介绍游乐活动规则、娱乐设备操作方法及有关注意事项。

（3）在游乐活动进程中，应密切注意游客安全状态，适时提醒游客注意安全事项，及时纠正游客不符合安全要求的行为举止，排除安全隐患。

（4）如遇游客发生意外，应按规定程序采取救援措施，认真、负责地做好善后处理。

第3条　安全管理

（1）定期组织游乐园安全检查，保障设备的良好运行。

（2）定期开展对设备操作人员的安全技术培训，保证从业人员上岗安全操作，掌握安全操作技能。

（3）做好安全运行状态记录。严禁使用超过安全期限的游乐设施设备。

（4）凡遇恶劣天气或游艺、游乐设施出现机械故障时，须有应急、应变措施。因此而停业，应对外公告。

（5）配备安全保卫人员，维护游乐园的游乐秩序，制止治安纠纷。

游船服务规范

第 1 条　售票员按民俗风情园相关规定售票。

第 2 条　服务中做到语言文明，言辞简洁、清晰，符合礼仪规范。

第 3 条　游客有问必答，百问不厌，无法解答的问题应耐心解释，不得推诿和应付。

第 4 条　游船出航前（上班前____分钟），船务员提前打扫码头卫生，擦洗船只，并仔细检查游船的安全消防设备设施及机械操纵性能，不得存在任何隐患。

第 5 条　按核定的乘客定额配载，不超载，确保安全航行。

第 6 条　游船必须按预定的航线安全航行，不得随意在不利于游船和游客安全的航线和地点航行或停靠。

第 7 条　下班时，船务员应将游船擦洗干净，检查电机等设备的运行是否正常，将游船绑好，固定在码头岸边。

第 8 条　定期做好游船的防腐防锈保养工作，保护游船各种安全防范设备设施。

民俗风情园服务人员要求

1. 基本要求

坚守岗位，站立服务，不离岗、不串岗。

2. 仪容仪表

（1）上岗着工作服，服饰整洁，佩戴服务标牌。

（2）端庄大方，处事稳重，反应敏捷，谙熟礼仪，精神饱满，表情自然，和蔼亲切。

3. 举止

举止文明，姿态端庄。

4. 语言

（1）语言文明礼貌，简明、通俗、清晰。

（2）讲普通话，能用外语为外宾服务。

（3）用礼貌的称谓称呼游客。

5. 态度

（1）礼貌待客，微笑服务，热情亲切，真诚友好，耐心周到，主动服务。

（2）对游客做到一视同仁，以礼待人。

（3）有问必答，回答问题迅速、准确，如对游客提出的问题不能作答时，应耐心解释。

6. 技能

（1）上岗前必须经过严格的岗位培训。

（2）在岗人员应熟练掌握本岗位业务知识和操作技能。

7. 职业道德

应遵守国家有关旅游职业道德规范，做到文明礼貌、优质服务，保护游客和企业的合法权益。

第6章

民俗风情园购物服务

旅游商品开发与经营营销管理

6.1 旅游商品开发与经营

6.1.1 民俗旅游商品开发

旅游购物是旅游活动的重要组成部分和重要环节。而旅游商品则是旅游购物赖以发展的物质基础和载体，旅游商品开发成功与否，直接关系到旅游企业的经济效益。而民俗旅游商品的开发则影响民俗风情园的经济效益。

旅游商品是指游客在旅游过程中出于非商业目的而购买的，并在旅途中使用、消耗或者带回使用、馈赠、收藏的具有地方特色的有形商品。

根据旅游商品的用途，可将旅游商品分为旅游纪念品、旅游日用品、旅游专用品、旅游工艺品、土特产品等，见表 6-1。

表 6-1　旅游商品类型

类型	形态特征	举例
旅游纪念品	艺术性、收藏性、纪念性强，具有浓郁的地方文化特色	奥运纪念 T 恤、上海世博会吉祥物“海宝”毛绒玩具等
旅游日用品	品目多、数量大，日常生活所需，缺乏地方特色	服饰、洗漱用品、化妆品、旅游地图等

续表

类型	形态特征	举例
旅游专用品	从事旅游活动专门需要的商品，专用性、针对性强	旅游专用鞋、旅游专用服装、望远镜、指南针等
旅游工艺品	价格相对昂贵，适合消费水平较高的游客购买	琉璃制品、陶瓷制品、银器等
土特产品	商品种类丰富，地方特色性强，深受游客喜爱	猴头菇、牦牛肉、黑枸杞、龙井茶等

在进行民俗风情园旅游商品开发时，应着重考虑旅游商品的特性，如图 6-1 所示。

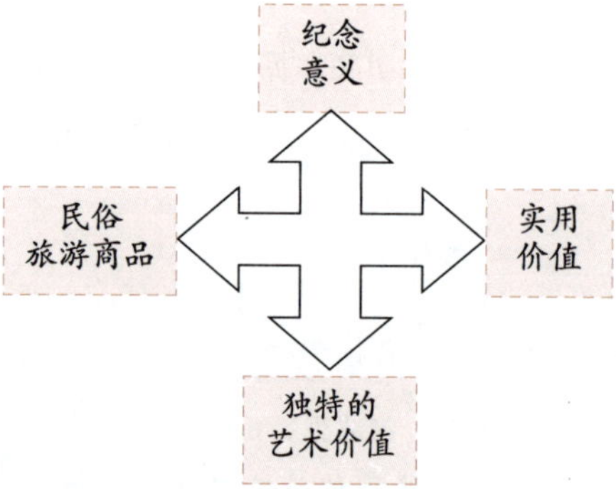

图 6-1　民俗旅游商品特性

1. 开发具有纪念意义的民俗旅游商品

民俗旅游商品应能够显示旅游目的地的某种特征，在游客离开民俗风情园之后还能勾起他们的美好回忆。所以，开发者在进行商品开发时，可以将本地的特色元素融入其中。例如，制作具有少数民族文化特色的饰品以及表现当地风景的刺绣等。

2. 开发具有民族（地域）特色的民俗旅游商品

民俗旅游商品应是具有浓郁的地方特色或民族风情的本地产品。例如，山东潍坊民俗风情园的风筝、福建武夷山的大红袍等。

3. 开发具有独特艺术价值的民俗旅游商品

民俗旅游商品应具有独特创意和美观的特性。例如，设计具有美感的唐卡、将镇纸雕刻成龙形等。

4. 开发具有实用价值的民俗旅游商品

民俗旅游商品应具有实用价值。目前华而不实的旅游商品充斥市场，而没有使用意义的商品很难吸引游客购买。所以，在开发民俗旅游商品时，应多开发具有实用价值的商品，如旅行箱，民族服饰、鞋帽等。

此外，在开发民俗旅游商品时应注意以下两点：

一是波动开发。民俗旅游商品应根据民俗旅游的规律进行开发，包括淡旺季的商品开发、临时性节日的商品开发等。例如，在某一民俗节日，开发与此节日相关的商品。

二是降低风险。游客购买旅游商品多是冲动型消费，若购买商品后产生后悔情绪，或对商品质量提出质疑，导致商品的美誉度下降，就会影响店面口碑，不利于民俗旅游商品的可持续经营。同时，不计成本的开发容易破坏收支平衡。所以，在开发民俗旅游商品时，应充分考虑成本，注重产品质量，保证良好的售后服务。

6.1.2 民俗旅游购物场所布局

民俗旅游购物场所布局应在了解游客的行为、心理的基础上，对出入口、商品陈列、广告位、收银台、后场、照明、色彩、气味、声音、门店橱窗等进行改造和安排。其具体标准如图 6-2 所示。

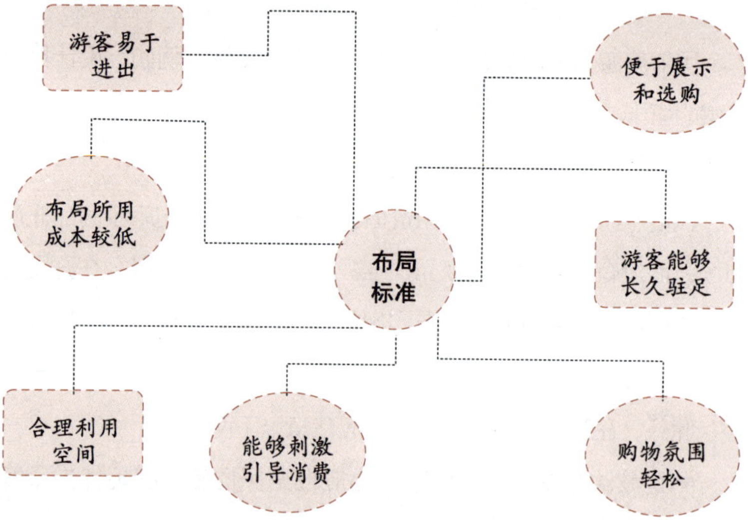

图 6-2　民俗旅游购物场所布局标准

民俗旅游购物场所布局设计应从以下几个方面着手进行。

1. 出入口设计

店面出入口应根据店铺规模、客流量、商品特点、所处地理位置以及安全等因素进行设计，其要求是便于游客出入和经营管理，如图 6-3 所示。

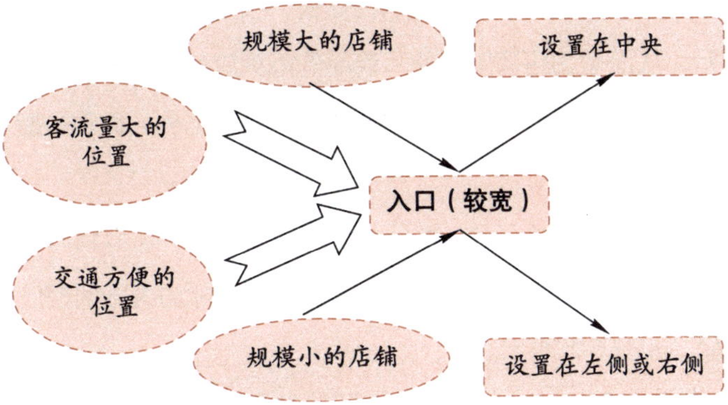

图 6-3　店面出入口设计要点

2. 通道设计

购物场所通道主要包括主通道和辅助通道，通道应根据入口位置进行设置。在设置时，应遵守如图 6-4 所示的标准。

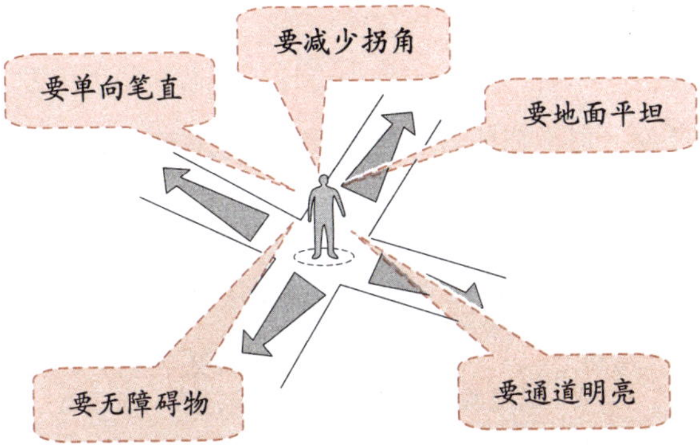

图 6-4　通道设计标准

3. 商品陈列设计

商品的陈列是民俗旅游购物店面布局中最重要的一部分，合理的商品陈列能带给游客舒适的购物体验，引导游客进行民俗旅游商品消费，从而增加店铺的收益。商品的陈列应从宏观陈列和微观陈列两方面进行。宏观是指从店面整体考虑商品陈列，微观是指从货架考虑商品陈列。

从店面整体陈列来说，若店面的面积足够大，可以将店面分为前场、中场、后场 3 个部分，每一部分根据实际情况陈列相应价值的商品，如图 6-5 所示。

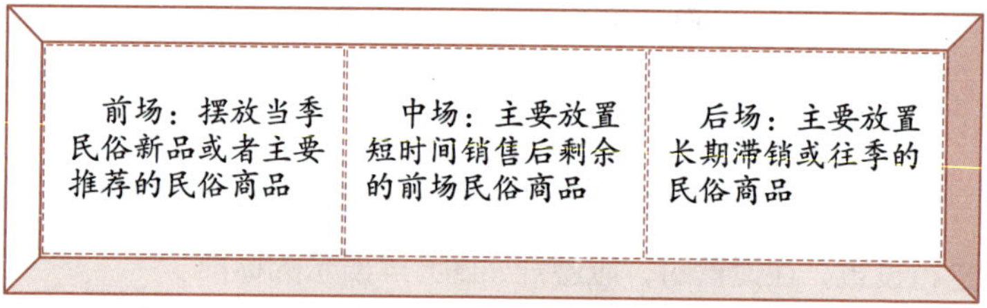

图 6-5　店面整体商品陈列

从货架陈列来说，商品的陈列设计应从游客角度出发，最大限度地吸引游客，最直观地展现商品。具体标准可参见表 6-2。

表 6-2　货架商品陈列标准

标准	详细划分
容易挑选	（1）同类商品应垂直陈列，使游客一目了然 （2）每一个品项固定在一个相对的陈列位置，同时将相互影响大的商品隔开放置，如食用类商品和使用类商品不应相互靠近 （3）根据游客购买商品时的决策顺序进行摆放。其先后

续表

标准	详细划分
容易挑选	顺序一般为品牌、功能、价位、包装等 （4）同类商品尽量放在同一侧、同一方向、同一通道的不同组货架上，便于游客进行比较 （5）对色彩和照明进行设计，如使用重点照明的方法
便于取放	高度适宜，货架一般分为三段： （1）上段，放置有一定知名度的商品 （2）中段，摆放主打商品和主力商品，是黄金段位 （3）下段，放置体积较大、重量较重、易破碎、利润较低的商品
丰富饱和	（1）陈列品种丰富，保持饱满，避免空位 （2）促销商品可以单独陈列，也可以采用各种形式进行陈列，如将促销商品摆成金字塔形
引导消费	相互靠近的陈列商品之间关联性、互补性强，能够引导游客进行连带性消费，如在陈列民族乐器的货架旁边陈列该乐器的配套服务产品
安全可靠	（1）对于较重的商品，在陈列时应考虑其位置和高度 （2）玻璃类商品应放置在游客容易取放又有防护栏的地方

民俗旅游商品的陈列应该按照一定的顺序进行，如图 6-6 所示。

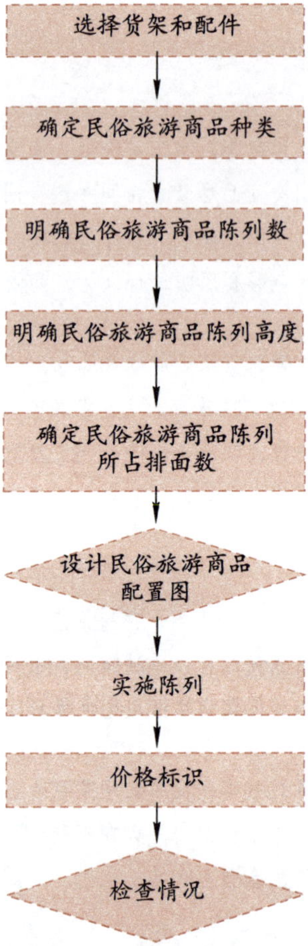

图 6-6 民俗旅游商品陈列流程

4. 照明设计

照明设计是指通过对民俗旅游商品店面的光影强弱和角度进行设计，渲染空间，营造商业氛围，增强民俗旅游商品的价值感，从而潜移默化地影响游客的购物情绪。照明设计是场所布局中较重要的一部分。照明设计主要包括自然采光和电源采光两部分，见表 6-3。

表 6-3 照明设计类型

<table>
<tr><th colspan="2">类型</th><th>说明</th></tr>
<tr><td colspan="2">自然采光</td><td>利用自然光照射商品，增加商品的真实度
适用范围：各类纺织品、民俗服装等
方式：天井结构、大面积玻璃</td></tr>
<tr><td rowspan="3">电源采光</td><td>基本照明</td><td>全面照明，保证最低能见度。每个地方的光照度各不相同，其光照度从弱到强分别是店前、入口、店内侧壁、店内正面墙壁、橱窗等</td></tr>
<tr><td>重点照明</td><td>对商品和货架进行照明，增强对游客的吸引力。重点照明的光照度一般是基本照明的 4~5 倍，其照射角度根据商品的种类、形状、性能等进行安排，具体如下：
（1）从斜上方照射用于一般民俗旅游商品
（2）从正上方照射用于高档民俗旅游商品
（3）从正后方照射用于强调民俗旅游商品的外形</td></tr>
<tr><td>装饰照明</td><td>通过闪动、滚动的 LED 灯箱等形式，突出民俗旅游商品形象，吸引游客注意</td></tr>
</table>

5. 背景音乐设计

适当的背景音乐能起到心理暗示作用，营造销售氛围，促使游客进行民俗旅游商品的消费。背景音乐设置要点如图 6-7 所示。

(1) 以轻音乐为主

(2) 音量适中，以隐约能够听到为佳

(3) 人流量大时，可播放快节奏的打击乐，以分散客流

(4) 人流量相对较少时，播放舒缓的音乐

图6-7 背景音乐设置要点

6.1.3 民俗旅游购物场所规范

为了有效吸引游客购物，需要经营者对购物过程中提供的服务提出严格的要求，制定相应的质量标准，使游客能享受到一流的民俗旅游购物体验。因此，经营者应对服务场所设施设备、服务规范、安全卫生、特色经营等进行相应规定，具体内容见表6-4。

表6-4 民俗旅游购物服务标准

服务类型	标准
设施设备	(1) 游客接待设施齐全 (2) 交通设施完善，如停车场地规划完善 (3) 安全设施齐全，包括消防设施、防盗设施等 (4) 收银设备安全有效，保证收银过程顺畅、安全 (5) 其他配套设施完善，如货架、照明设施等，同时应建有相应的无障碍通道
服务规范	服务规范主要针对的是服务人员，包括以下几个方面： (1) 对所有游客一视同仁，尊重游客的风俗习惯

续表

服务类型	标准
服务规范	（2）制定相应的服务流程、工作标准及岗位责任制度 （3）在规范化的基础上，提倡特色化服务 （4）建立游客反馈制度，针对游客提出的反馈意见及时进行整改
安全卫生	（1）购物场所的消防标准要通过有关部门的验收 （2）配备相应的安全设施，并定期进行检查、维修、保养和更新 （3）建立相应的安全管理制度，对安全情况进行监督 （4）保证所有民俗旅游商品的安全标准符合要求，保护游客的安全 （5）购物场所应整洁卫生，保持空气清新 （6）民俗旅游商品的卫生标准应通过相应认证
特色经营	（1）店铺装饰应具有民俗特色 （2）所陈列的商品应以具有地方民俗特色的商品为主 （3）根据经营理念，为游客提供个性化的购物服务

6.2 营销管理

6.2.1 游客购物动机分析

游客的购物动机可分为两种：一种是为自己购买的动机，另一种是为他人购买的动机。游客之所以为自己购买，是对民俗旅游商品有所期待，这种期待包括商品的稀缺程度、原产地效用、实用程度、收藏价值、差价牟利等方面。而为他人购买则是受人委托或是出于联络感情的需要。游客购物动机见表 6-5。

表 6-5 游客购物动机

对象	动机	说明
为自己	稀缺程度	游客之所以购买民俗旅游商品，是因为该商品只有在旅游地才能买得到。游客在旅游过程中发现了这种当地独有的商品，为了留作纪念，从而决定购买
	原产地效用	随着现代物流业的发展，许多商品虽然可以实现异地购买，但在原产地购买时，商品种类更丰富，价格更便宜。若游客所处的旅游地正好是某类民俗旅游商品的原产地，则能以更低的价格获得更多的商品选择机会
	实用程度	实用程度可从以下两个方面进行考虑： （1）游客在旅游过程中因使用需要而购买商品，如在旅游过程中因口渴而购买饮料、因阳光强烈而购买遮阳帽等 （2）民俗旅游商品本身的品种、品质和所处的销售环境，即商品具有较高的使用价值和附加价值，促使游客产生购买动机
	收藏价值	民俗旅游商品工艺精巧，限量供应，使商品具有较高的收藏价值，从而激发了游客的购买欲望

续表

对象	动机	说明
为自己	差价牟利	游客之所以产生购买欲望，其原因是离开旅游地后，将其所购买的民俗旅游商品转销他人可以获得较高利润，从而抵消部分旅游花销
为他人	委托购买	亲友在获知游客旅游消息后，委托其在旅游地购买某些商品
	联络感情	购买民俗旅游商品是为了将其作为礼物赠送给亲朋好友，表达游客的心意，共享快乐，联络感情

6.2.2 游客购物行为特点

游客的购物行为不同于日常的购物行为，往往是一种带有感情色彩的消费行为。这种购物行为具有以下几个方面的特点。

1. 即时购买

由于游客的购物行为大多是在旅游过程中穿插进行的，所以游客从见到民俗旅游商品、产生购买欲望到形成购买决策往往只需要几分钟或十几分钟的时间。

在作出购买决策的短暂时间里，有两种行为导致游客进行购物，这两种行为体现在游客对民俗旅游商品的关注方式上，如图 6-8 所示。

有心关注

在购买民俗旅游商品之前，就已设定目标，清楚地知道自己要购买的民俗旅游商品的种类、质量、用途、价格、数量等。其购买意愿较强，看到目标商品时不会急于离开，而是反复询问、仔细端详、精心挑选

无心关注

此类游客事先并无购买民俗旅游商品的打算，购买民俗旅游商品往往是由于在旅游过程中受到某些偶然因素影响，从而产生了购买冲动

图6-8 游客对民俗旅游商品关注的方式

2. 从众消费

由于身处陌生环境，对周边一切事物的判断处于迷茫状态。所以，游客购物的冲动往往会受到身边人的影响和周边事物的诱导，并容易在从众心理的驱使下做出购物行为。这种从众心理主要受多个方面因素的影响，如图6-9所示。

3. 回头客少

民俗旅游购物的回头客之所以少，其原因主要有3个方面，见表6-6。

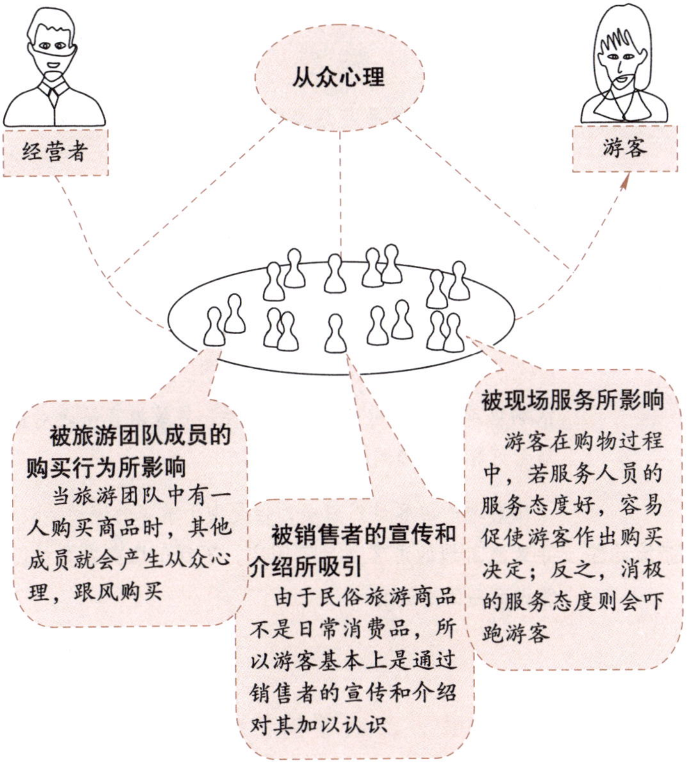

图 6-9 游客从众心理的影响因素

表 6-6 民俗旅游购物回头客少的影响因素

因素	说明
商品特性	民俗旅游商品的纪念性质决定了游客在购买一种商品后，一般不会再购买同类商品，否则就会失去其唯一的纪念价值
消费落差	游客在陌生的旅游地对民俗旅游商品缺乏认识，加之受从众心理的影响，使其在购买民俗旅游商品并离开后，

续表

因素	说明
消费落差	发现所购买的商品与想象中的不一致，产生了落差，从而失去了第二次购买的冲动。其认识上的缺乏主要包括以下两个方面： （1）对价格缺乏认识。由于旅途的限制，导致游客没有时间货比三家，加之民俗旅游商品的标价比较混乱，导致游客对民俗旅游商品的价格产生了认知上的混乱 （2）对商品质量好坏的判断不明。由于时间和经验的限制以及民俗旅游商品的独特性，导致游客缺乏对商品质量好坏的正确判断
旅游流动性	旅游地的游客虽然较多，但是由于游客的流动性较大，导致旅游地的游客数量不固定，不利于培育游客对民俗旅游商品的忠诚度

6.2.3 民俗旅游购物产品的营销策略

民俗风情园经营者应根据游客的购物动机和购物行为特点等方面的分析结果制定民俗旅游购物产品的营销策略。民俗旅游购物产品的营销策略是一个综合的整体策略，一般可从商品开发、与旅行社和导游进行接洽、现场营销等方面进行制定。

1. 开发具有市场潜力的独特民俗旅游商品

“酒香不怕巷子深”，要想吸引游客购买民俗旅游商品，经营者应开发具有市场潜力的、独一无二的商品。开发的商品应品种多样、包装精美、携带方便，富有文化内涵，具有民族特色，具有较高的艺术性。

2. 与旅行社和导游进行接洽

很多游客是在旅行社和导游的引导下进行旅游的。旅行社和导游对游客的消费行为有着巨大的影响作用。所以，作为经营者，应该及早与旅行社和导游建立合作关系，将商店安排在游客的旅游路线上。

3. 做好现场营销工作

根据游客的购物行为特点，经营者应重视现场营销管理，提升现场营销水平。现场营销的工作内容如图 6-10 所示。

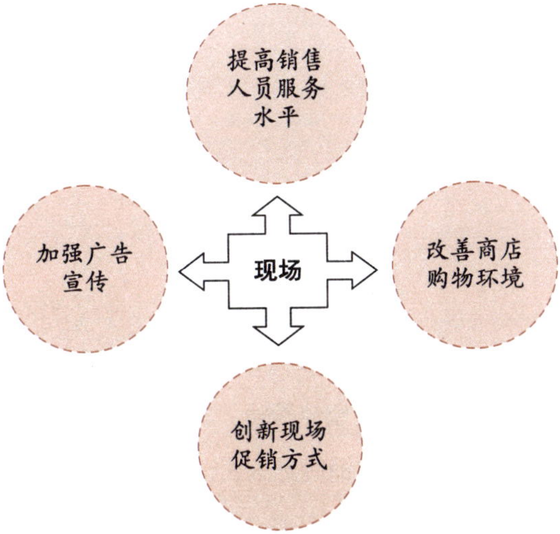

图 6-10　现场营销的工作内容

第7章

民俗风情园会议服务

会前服务
会中服务
会后服务

承办会务工作是民俗风情园经营活动的重要组成部分，做好会务工作是会议正常进行和取得预期效果的重要保证。民俗风情园的会务服务部门要想做好会务工作，需抓好会前、会中、会后3个环节。

7.1 会前服务

会前准备工作是否充分，是会议能否取得成功的关键环节。民俗风情园会务服务人员要确保会前准备工作严谨细致，超前主动，不出纰漏，必须紧紧把握如下要点。

1. 确认会议需求及台型

每个参会单位的参会人数、会议需求都是不一样的，做好会前准备工作首先要确认会议需求，这里要特别强调的是民俗风情园会务服务人员应与主办方进行需求确认，及时发现有无漏项以及需要注意的事项。

会议有不同的内容、性质、规模，因此有不同的会议布局。常见的会议布局有“一”字形、“口”字形、“凹”字形、“T”字形、马蹄形、课桌式、剧院式等。具体布置方案应根据会议主办单位的要求、会议室的面积大小和形状来进行台型布局。

2. 物品摆放与会场布置

在这一环节，民俗风情园会务服务人员至少需做好4个方面的工作，具体内容见表7-1。

表 7-1　物品摆放与会场布置说明

工作事项	说明
文件用品摆放	台面摆放物品标准：整齐、干净，方便使用，横平竖直
	会议专用且有统一标识的文件夹正面朝上地摆放在每个座位正前方的桌面上
植物摆放	应根据会议规模、性质和主办方的要求，摆放适当的绿色植物和花卉加以点缀
	确定摆放的位置、数量及形状
	如需使用演讲台，台面应摆放一盆新鲜的盆式插花
配置设备	若会议主办方提出要使用投影仪、计算机等视听设备，民俗风情园会务服务人员需联系相关工作人员准备和调试
设置签到台	根据会议主办方的要求，在会场适当位置设置签到台

对于重要会议，还应布置好会前接见厅，以方便重要宾客的会前休息或会议主办方与重要宾客的会前洽谈。

3. 会议准备工作检查

在会议召开前，民俗风情园会务服务人员需对会议准备工作进行检查，相关内容见表 7-2。

表 7-2　会议准备工作检查

检查内容	工作明细
检查会场布置情况	（1）检查会场的灯光照明、室内温度是否适宜 （2）检查横幅、指示牌等会标内容是否正确

续表

检查内容	工作明细
检查会场布置情况	（3）检查会场绿色植物的摆放是否妥当 （4）检查文具用品、视听设备等会议所需物品的数量是否符合要求 （5）检查通道是否畅通
检查会场卫生	做到会场无灰尘、无污迹、无杂物、无异味，确保环境适宜
检查设施设备	对桌椅、音响、门窗等设施设备进行检查，发现问题及时上报维修

7.2 会中服务

7.2.1 会场服务

会议开始后，民俗风情园会务服务人员需做好如图 7-1 所示的 5 项工作。

7.2.2 会议用车

对于到异地参加商务会议的人来讲，快捷、方便地到达目的地才是最为重要的。对此，民俗风情园除了要为客户提供环境优美、功能齐全的会议场所外，会议用车服务也是其服务项目之一。而会前会后的车辆安排和行车安全是其中不可忽视的一部分。因此，对

（1）应随时注意宾客人数的变化，若超出预定人数，应立即添加座位和用品、茶具等

（2）在会议进行中，会务服务人员力求做到“三轻一快”（说话轻、走路轻、操作轻、服务快）的规范服务

（3）续茶送巾等服务应根据实际情况进行

（4）要制止与会议无关人员随便出入会场

（5）若会场出现意外情况，会务服务人员要反应敏捷，并立即上报民俗风情园领导和有关部门，迅速启动应急预案，同时及时快速地引导参会人员撤离会场

图 7-1　会场服务工作要求

于会议用车，民俗风情园事先需制定一套完善的方案，以便为客户提供更优质的服务。

表 7-3 依据服务流程，总结了会议用车服务工作要点。

表 7-3　会议用车服务工作要点

阶段	工作要点
会议前期准备阶段	举行会议前，民俗风情园车辆负责人要对参会单位举行会议的时间、地点、人数、用车需求等情况进行了解
	民俗风情园要与参会单位商谈好用车类型和用车价格
	民俗风情园车辆负责人根据掌握的信息规划出最佳行车路线

续表

阶段	工作要点
会议前期准备阶段	车辆驾驶员检查车辆基本性能，排除影响出车的各种故障，及时清洗车辆、加注油料
	与民俗风情园其他部门对接，明确接送人员名单及到达时间，安排合理的接送次序
会议召开阶段	出发前，车辆驾驶员再次检查车辆状况，确保安全
	到达目的地后，应将车辆停放在指定的停车场
	在举办会议期间，车辆驾驶员应保持电话畅通，以便随时执行接送任务
会议结束阶段	车辆驾驶员依照既定的工作计划，为参会人员提供接送服务
	用车任务结束后，将车辆停放在指定的停车位

不同的会议活动需要有不同的车辆规划，不同的乘客构成也需要配备不同的车型。这就需要民俗风情园依照参会单位的具体要求，制定完善的用车方案。

7.2.3 会议餐饮

会议餐饮服务是保障会议成功举行的一个不可或缺的因素。下文介绍了会议餐饮服务的几点注意事项。

1. 在预算内设计菜单

民俗风情园在提供会议餐饮服务前，要依据参会单位的餐饮预算设计菜单。这就需要民俗风情园餐饮部负责人、会务服务部负责人等人员与参会单位进行仔细商定。

在确定预算的基础上，民俗风情园餐饮部根据用餐人数确定菜品的种类、数量等，同时要具有地方特色和时令特色，并兼顾参会人员的特殊用餐要求。

2. 确定会议用餐地点与方式

会议用餐地点与方式的具体内容见表7-4。

表7-4　会议用餐地点与方式

工作事项	说明
会议用餐地点选择	会议用餐地点尽量离会场近一些，且餐饮场所需符合宽敞、舒适等要求
会议用餐方式安排	会议主要用餐方式有围餐式、自助式、半自助式、分餐式、餐券购餐等

会议用餐方式的选择比较灵活，如早餐一般是自助式；午餐安排工作餐、自助式或半自助式；晚餐安排围餐式。

另外，如果参会者要参加3～5天甚至更长时间的会议，那么每天都采用一种就餐形式肯定会使参会者厌烦，甚至抱怨。因此，民俗风情园作为会议场地的提供方与服务者，就应考虑适当变换参会者的就餐方式。即要根据会议活动和菜谱营养的需要灵活安排正式宴会、自助餐、风味小吃等就餐方式。在非正式宴会中也可采用套餐、分餐制或火锅等就餐形式，以增强餐饮对参会者的吸引力。

3. 会议期间的茶水服务

会务服务作为民俗风情园的一项商业服务活动，每一个环节都牵涉礼仪问题，会中茶水服务也不例外。

（1）前期注意事项

1）茶叶的准备。如果可以的话，多准备几种茶叶，使参会者有多种选择。上茶前，应先询问一下参会者饮用哪种茶。如果只有一种茶叶，要事先说明。

2）个人卫生准备。在会议开始前，负责为参会者倒茶的服务人员要先检查自己的妆容，特别要注意手部的清洁。

（2）倒茶礼仪。会议进行中应怎样为参会者添加茶水呢？方式、水量、时机等细节无不体现着会议组织方的风范和礼仪。图 7-2 给出了 3 点建议。

（1）使用托盘上茶时，一手托稳托盘，一手为参会者上茶，上茶时手握杯把，不要触摸杯口，杯把向右，便于参会者取放

（2）为参会者添加茶水时，如果参会者正在交谈，可轻声示意后再添加茶水，以免碰洒茶水烫伤参会者

（3）上茶或续水时，水量不宜过满，一般来说，以茶杯的七八分满为宜

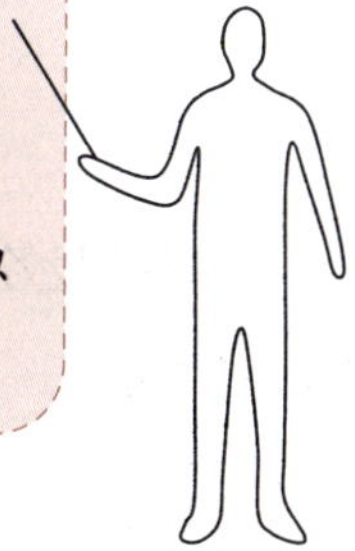

图 7-2 倒茶礼仪

4. 会议茶歇服务

有的会议主办方会在会议期间安排15～30分钟的茶歇，使参会者在紧张的会议进程中放松片刻。这不但能够调整参会者的身心状态，还能够在茶歇中促进参会者建立良好的人际关系。对此，民俗风情园应根据会议人数及餐饮标准，认真做好相关服务工作。

会议茶歇服务也称会议茶点服务，根据提供的品种不同，可将其分为中式茶歇与西式茶歇两类，如图7-3所示。

中式茶歇 → 中式茶歇饮品一般包括矿泉水、开水、绿茶、花茶、果茶、罐装饮料、低度酒精饮料等；点心有各类糕点、饼干，以及时令水果、花式果盘等

西式茶歇 → 西式茶歇饮品一般包括各式咖啡、矿泉水、罐装饮料、低度酒精饮料、红茶、果茶、牛奶、果汁等；点心有蛋糕、各类甜品，以及时令水果、花式果盘等。有的还提供中式糕点

图7-3 会议茶歇类别

在茶歇服务中，茶歇地点的选择也是需要注意的一个环节，如图7-4所示。

5. 需考虑的其他因素

民俗风情园在为参会单位提供餐饮服务时，除了要做好上述两项工作外，还需考虑如图7-5所示的5点因素。

（1）如果参会嘉宾人数较多，可在会场之外安排专门的茶歇场所，必要时还应设置指示牌和相关引领人员为参会者指明方向；如果会场足够大，而另外安排茶歇场地较远时，也可以在会场中通过屏风、展架等人为设置茶歇区

（2）如果参会嘉宾人数较少，可在会场出入口处分别摆设专用茶歇，同时茶歇周围应该合理增加休息区，以便参会者取用食物后，可就近落座相互沟通

图 7-4　茶歇地点的选择

（1）考虑会议类型和会议目标

（2）考虑民俗风情园的特色菜品

（3）考虑所选择的桌巾与餐巾颜色

（4）考虑主桌与其他餐桌如何摆放

（5）宴会中是否穿插节目表演以及舞台大小是否够用

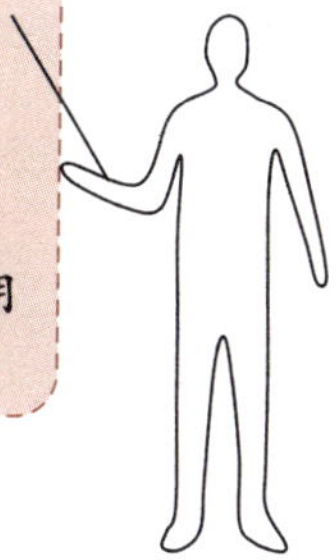

图 7-5　需考虑的其他因素

此外，会务服务人员需与民俗风情园其他部门人员就参会单位的会议信息进行沟通，这一点是很重要的。因为存在着这样的情形：如果会议上午的日程未能按计划进行，那么会影响午餐的时间安排（提前或推迟），这些临时变动信息需及时反馈至会务服务负责人处，以便餐饮部作出相应调整。

民俗风情园餐饮服务人员应努力为参会者提供健康、美味、卫生的食品，以令参会者在参会期间精力充沛、心情愉快。

7.2.4 会议摄影、摄像

民俗风情园为参会单位提供了会议场地，而对于会议举办单位来说，大中型会议或重要会议需拍摄照片、录像，以便留存。因此，民俗风情园可为参会单位提供高品质的会议摄影、摄像服务，作为增收项目之一。

会议摄影、摄像的范围比较广，概括起来可以分为 4 类，如图 7-6 所示。

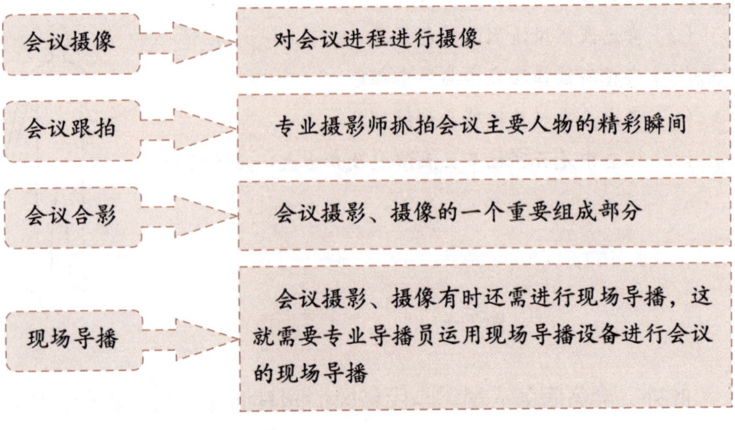

图 7-6　会议摄影、摄像的内容

为达到完美的视觉效果，表 7-5 简要列举了会议摄影、摄像的注意事项。

表 7-5 会议摄影、摄像的注意事项

工作阶段	说明
会议摄影、摄像准备阶段	会前做好摄像设备的调试工作
	在会议开始之前向会务组索要会议日程表，以便摄影、摄像人员明确各阶段的拍摄重点
会议摄影、摄像阶段	开会前可以拍摄一些会议准备工作的素材。例如，拍摄会场外面的场地布置、拍摄门口的横幅等会议宣传标语，这样可以使参会者快速知道会议的基本内容
	会场拍摄要注意选好角度，突出会议的主题和人物，同时还需将整个会议进程中具有代表性的重要片段拍摄下来
会议结束摄影、摄像阶段	要注意拍摄会议全景

7.3 会后服务

7.3.1 会议礼品

会议礼品是有关单位在会议场合，为了加强彼此之间的感情及商务交流，赠送给对方的纪念性礼品。

在民俗风情园会议服务中，园区可配合会议主办单位提供有园区特色的礼品服务。

会议礼品依照不同的分类标准，有不同的类别。图 7-7 列举了其中 4 种类型。

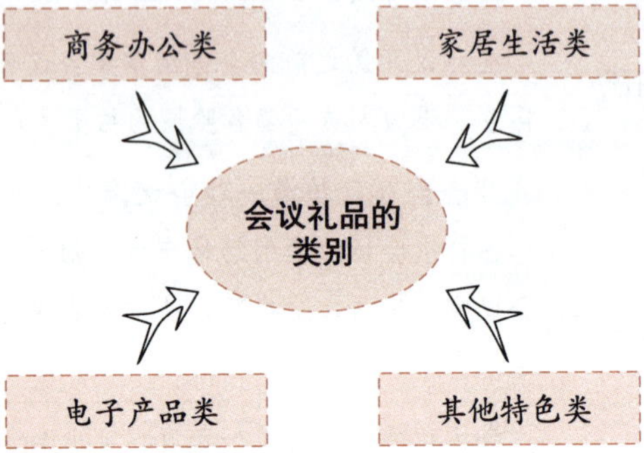

图 7-7 会议礼品的类别

随着社会的发展和进步，每天都会有大大小小的会议在园区内举行，越来越多的会议组织和团体选择有园区特色的会议礼品。

一般来说，有园区特色的会议礼品必须根据会议主题和形式来选择，同时又必须考虑参会者的实际需求。表 7-6 给出了 3 点建议。

表 7-6 会议礼品的选择

会议主题	会议礼品推荐
以表彰或者庆典为主题的会议	应该选择具有象征意义、保存时间比较长的会议礼品，如有园区特色的高档水晶奖杯等
以培训、交流、总结为主题的会议	可以选择实用性较强的办公用品，如有园区特色的高端签字笔、笔记本、商务套装（笔记本 + 笔）等
以节日、福利慰问为主题的会议	可以选择适合个人或者家庭使用的礼品，如有园区特色的保温杯、创意台历等

赠送给参会者会议礼品后，他们对会议礼品的评价就会形成对会议举办者的评价，形成对此次会议的深刻印象，这对民俗风情园的宣传推广有着积极的意义。

7.3.2 会议旅游

会议旅游是公司、团体等组织的人员因参加不同类型的会议而派生出来的一项特殊旅游活动。会议旅游可以作为园区旅游产品的一种类型而独立运作，并需要通过做好宣传与营销工作来促进会议旅游的良好发展。

1. 园区会议旅游的宣传

通过宣传可以扩大会议旅游主办方的知名度，提升美誉度，还可以产生积极的品牌联想。

品牌联想是指消费者记忆中与品牌相联系的一切事物的集合，包括园区产品特征、使用场景、属性用途等。当消费者寻求某一方面的利益或情感需求时，会有意无意地由相关需求联想到特定园区品牌或标识。

结合会议旅游这一活动，若园区为自己塑造了一个良好的品牌形象，当消费者看到它时，从他的记忆中会引发出对会议产品的联想，包括会议的类别、品质、服务、价值等；而这些联想可能是来自于参会者本身的参与经验、朋友的口耳相传、广告信息以及市面上的各种营销方式等。

品牌联想可在消费者心中树立起根深蒂固的品牌形象，进而影响到消费者对该品牌产品的购买决策。

概括起来，园区会议旅游宣传的内容包括如图 7-8 所示的两个方面。

（1）会议旅游信息。与会议相关的时间、地点、交通、住宿、会务接待、参会者要求和条件等

（2）可吸引参会者到会议主办地的相关要素。例如会议创意、会议附带的文化活动、相关商务活动和展览、会议相关设施，以及主办地其他与会议相关的有吸引力的事物

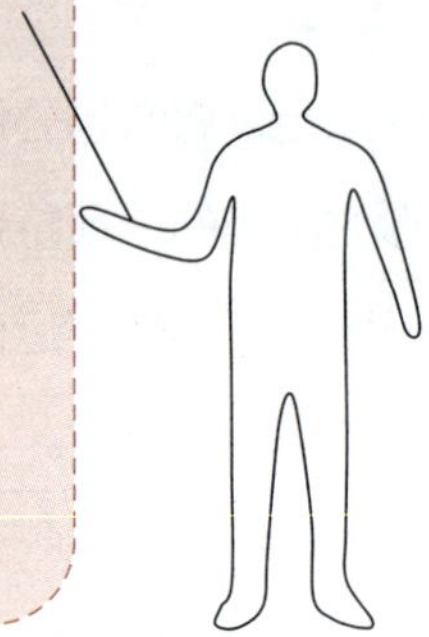

图 7-8　会议旅游宣传的内容

2. 会议旅游的营销

随着旅游市场的不断细分，对旅游产品的需求也越来越多元化。园区会议旅游作为一种新兴的旅游消费模式，日益引起了人们的关注。

要做好园区会议旅游的服务工作，营销是首要任务。对园区会议旅游产品进行组合是营销的手段之一。组合是为了满足不同客户的需求，参会者应根据自身需求，对园区会议旅游产品进行选择。因此，园区在进行产品设计时，应针对不同客户的需求，优化产品结构。

在营销模式方面，会议主办方和民俗风情园合作开展营销是其中的一种方式。在这一方式下，会议主办方应与民俗风情园保持紧

密联系，双方利用各自资源，待会议结束后，为参会者提供优质的旅游服务。

3. 客户的邀约

在会议旅游景点路线制定之后，就要向客户发出邀约。邀约的客户一般是如图 7-9 所示的 4 类客户。

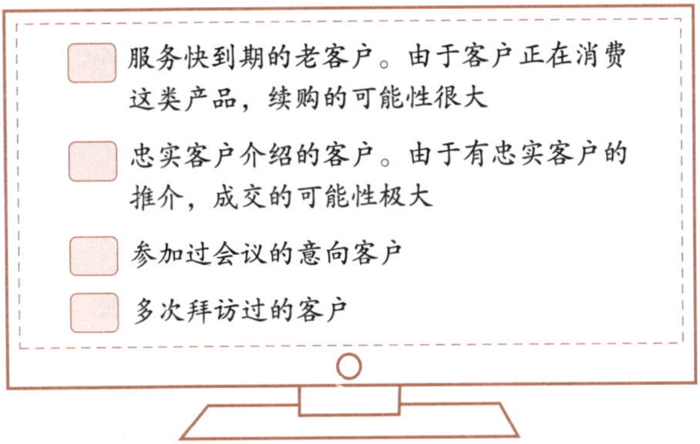

图 7-9 邀约的客户

7.3.3 会议拓展

每个企业或公司每年都会有各种形式的会议，包括总结会、表彰会等，那么如何令会议给员工留下深刻的印象，就是下面要讲的重点——会议拓展。

会议拓展是不少会议场地提供者提供的服务项目之一。园区在开展会议拓展项目之前，无论是会议举办者，还是会议场地提供者，都需明确 3 个问题，如图 7-10 所示。

在明确上述 3 个问题后，民俗风情园可与会议举办者进行沟

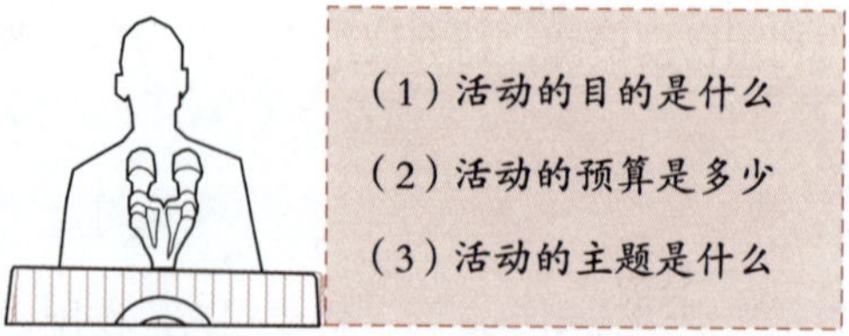

图 7-10　会议拓展需事先明确的内容

通，进而确定拓展项目事宜。

拓展训练的形式多种多样，如场地训练、野外训练、水上训练、空中训练等。每一种形式又包括很多种类的项目，如图 7-11 所示。

场地训练	野外训练
破冰、信任背摔（信任跌）、电网、盲人运水、罐头鞋、合力蓄水等	定向越野、徒步拉练、攀岩、断桥、高空单杠、天梯、溯溪、求生墙、速降、滑雪等
水上训练	**空中训练**
扎筏、漂流、孤岛求渡、潜水、风帆冲浪等	空中跳伞、空中抓杠、空中断桥等

图 7-11　拓展训练的形式及项目

延伸阅读

拓展训练的英文为 outward development，原意为一艘小船驶离平静的港湾，驶向波涛汹涌的大海，去迎接挑战。

拓展训练起源于第二次世界大战。在第二次世界大战期间，大西洋上有很多船只由于受到攻击而沉没，导致大批船员落水，绝大多数船员不幸遇难了，但仍有极少数人在经历了长时间的磨难后得以生还。令人惊奇的是，这些生还者并不是人们想象中的那些年轻力壮的水手，而是意志坚定、懂得互相支持的中年人。

当时有个名叫库尔特·汉恩的德国人提议，利用一些自然条件和人工设施，让那些年轻海员从事一些心理挑战活动和项目，以训练和提高他们的心理素质。而后其好友劳伦斯在 1942 年成立了一所阿德伯威海上训练学校，以年轻海员为训练对象。这是拓展训练最早的雏形。

拓展训练需要户外培训机构与园区协商配合来进行，实施进度既是实施流程的细化，也是拓展训练项目得以按时开展的重要保证。表 7-7 提供了一张时间为半天的拓展训练实施进程表，仅供读者参考。

表 7-7 拓展训练实施进程表

阶段	内容	时间
破冰热身	放松身心，准备投入活动	10 分钟
团队活动项目	根据会议主题安排 1～2 个团队项目	2.5 小时
	分段点评	15 分钟
回顾总结	对拓展活动的升华	15 分钟
晚宴 + 创意晚会	—	2 小时

从某种程度上说，拓展训练在进行过程中存在着一定的危险，包括体能、心理素质等方面。因此，在实施项目前，民俗风情园要与户外培训机构一起做好安全保障工作，主要包括如图 7-12 所示的 5 个方面的内容。

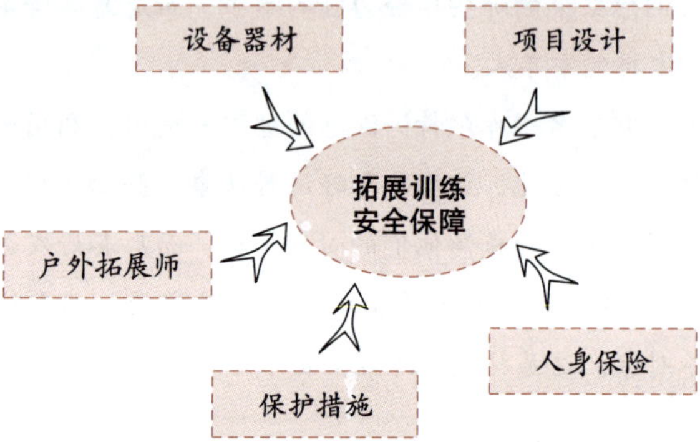

图 7-12　拓展训练安全保障的内容

1. 设备器材方面

所有用于拓展训练的器械和装备都应该达到或通过相应的认证标准，并派专人定期维护。同时，要求在使用前做好检查工作。

2. 项目设计方面

所有拓展训练活动，尤其是野外高难度、高危险性项目，均需经过精心的设计与试验，并被无数次操作验证是完全安全的。

如何将危险消除在活动实施前呢？首先，在设计任何一个训练项目的前期，园区均需会同户外拓展专家进行规划。其次，对项目进行系列测试，如对项目的安全性、可行性、有效性等数据进行记录，并在日后为客户制定方案时作为参考。通过测试，使项目中任何存在安全隐患的地方都被发现出来，并制定解决方案。最后，再次进行测试，消除一切可能的操作失误。

3. 户外拓展师方面

户外拓展师应具有丰富的拓展训练经验，要严格地依照安全程序指导、监控活动的全过程。

4. 保护措施方面

所有项目的保护措施均是双重保护，避免发生意外，造成不必要的损失。此外，园区还应制定应急预案，以应对拓展训练中发生的意外情况。

5. 人身保险方面

提供会议拓展服务的培训机构还应为每位参训者上一份人身意外伤害险及意外医疗保险，以最大限度地保证参训者的利益。

第8章

民俗风情园交通服务

园区交通服务规划

园区交通服务管理

8.1 园区交通服务规划

游客要想在民俗风情园观光、游玩、用餐、购物，都离不开交通的支持。一般交通服务包括道路、工具、站点、引导等方面的内容，具体见表 8-1。

表 8-1 园区交通服务内容

类别	说明	示例
道路	是指园区中供游客游览并兼具园区内外生产、安全、消防等作用的运输道路。园区的路线应能将园区内的主要区域联系成一个整体。园区道路是旅游路线制定的基础	园区内的车行道、人行道、桥梁、隧道等
工具	是指园区中供游客出行游玩乘坐的交通工具。园区内的交通工具与日常交通工具有所不同，一般具有游览观光的功能	观光巴士、园内小车等
站点	是指供园区中行人休息、停靠交通工具的地方	停车场、公交站点、码头、路边凉亭等
引导	是指通过为游客提供旅游景点的中文名称、英文名称、旅游项目类别图案以及前往旅游景点的方向和距离等信息，指引行人和车辆在园区内寻找目的地的服务，这种服务包括借助人工进行引导和借助标识进行引导等方式	导游引导、路标、地图等

民俗风情园的交通犹如人体的血管，人体的各项功能正常运行离不开血液的循环。同样，园区交通是带动客流量有效循环的关键因素。交通规划设计是否合理在很大程度上影响着园区旅游业务的开展。

符合市场需求的交通服务不仅要给游客提供舒适的旅游体验，使游客流连忘返，同时也应有效地促进经营者的经营，从而达到游客与经营者双赢的效果。所以，作为经营者，应该注重园区交通的规划设计。

8.1.1 园区交通服务设计要求

要想做好民俗风情园的交通服务设计，首先应把握园区交通设计的规律，也就是明确游客对交通服务的需求。游客对交通服务的需求一般包括安全、准时、快捷、舒适、趣味、经济适用等方面，如图 8-1 所示。

在对市场需求进行分析的基础上，可以归纳出交通服务设计应满足如图 8-2 所示的 5 个方面的要求。

8.1.2 园区交通服务设计

1. 前期调查

要想做好民俗风情园的交通服务设计，首先应对园区进行详细的调查和分析。前期调查工作主要是对现有资源进行了解，掌握实际情况，从而为各方面的规划设计打下坚实的基础。调查的具体内容如图 8-3 所示。

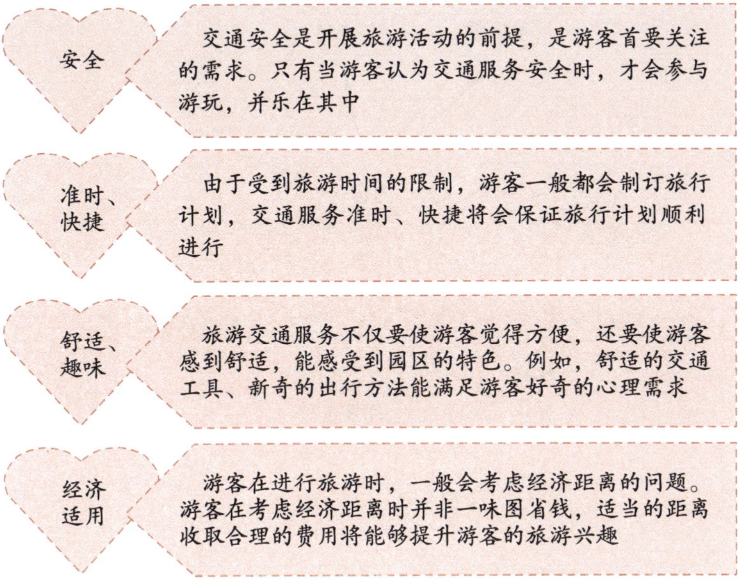

图 8-1　交通服务游客心理分析

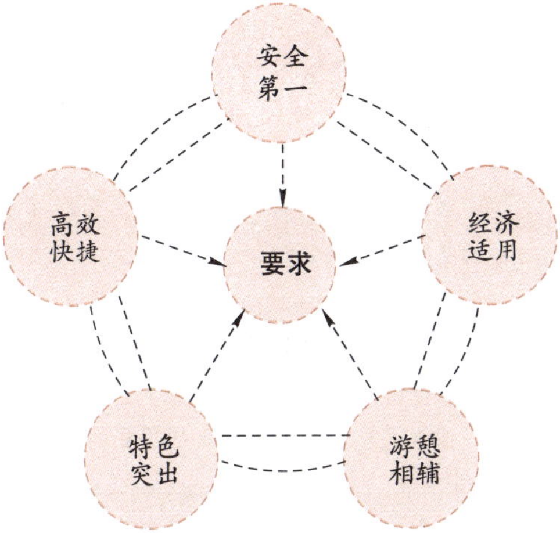

图 8-2　交通服务设计的要求

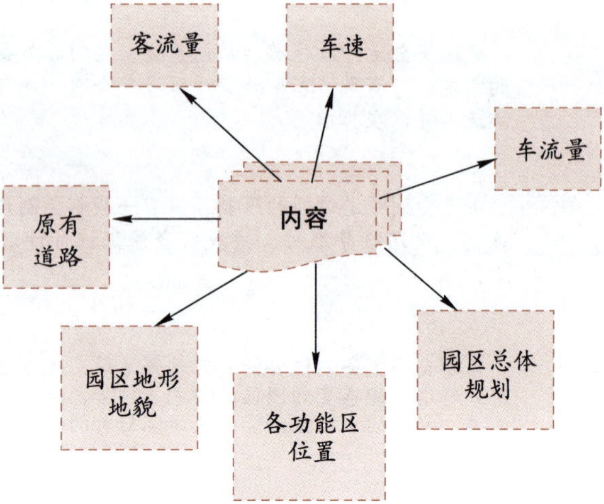

图 8-3 调查内容

为了更好地收集调查信息，调查人员可以采用多种方法进行信息的收集，具体方法见表 8-2。

表 8-2 调查方法

方法	说明
问卷法	向游客发放问卷，收集相关信息，且主要调查游客对交通工具的偏好
观察法	实地持续观察某路段的路况，并做好记录
搜索法	搜索并整理总结该地区的历史档案资料和网上资料
访谈法	与游客进行交流，询问客流量和车流量等情况

2. 道路设计

园区道路的设计应能将景点和服务点进行分割，实现各功能点的连接；能引导游客的游览过程；能使游客根据路线测量自己到达各功能点的距离。同时，道路本身也能成为旅游景点，吸引游客驻足观赏。为此，设计者应根据实地自然环境条件进行道路设计，具体设计原则如图 8-4 所示。

- 明确道路主次，依据园区总体布局和规划进行设计
- 强化视线景观，实现道路与周边景观相融合
- 便捷连通，尽量使用最短路线
- 清晰的导向性，设立相应的引导标识
- 控制坡度，将其控制在合理的范围之内

图 8-4 园区道路设计原则

根据前期调查的情况以及园区道路设计原则来划分道路等级，并根据等级标准使用不同的材质进行铺设。一般可使用的材质包括沥青、混凝土、水泥砖、烧结黏土砖、花岗岩、卵石、水洗石等。

园区道路除了具有一般道路所拥有的功能以外，还可以将其开发成旅游产品，形成有旅游特色的景点。

实例参考

苗寨的风雨桥很有特色，因为行人过往能躲避风雨，故名风雨桥。所建的风雨桥一般是由桥、塔、亭组成，多建于交通要道的河流上。

风雨桥有交通作用自是必然。此外，上有遮雨之屋顶，左右有休息之座，行人在此可从容欣赏美景。这些风雨桥设计得古朴典雅，使其本身成为一道风景，是苗寨不可或缺的装饰。

民俗风情园在设计道路时还应结合现场情况适当创新，将各地区民俗元素融入道路设计中，增加一般道路的民俗特色感。这种设计可以体现在道路表现形式设计、道路周边设施设计、道路路面设计、道路名字设计等方面。民俗风情园道路特色设计方式如图 8-5 所示。

3. 交通工具设计

交通工具是游客往返于各个功能区之间的工具，使用适当的交通工具可以使游客快捷方便地穿梭于各个服务点，既节省了时间，保证了旅行计划的正常进行，同时也使游客在乘坐交通工具过程中享受游览乐趣。因此，民俗风情园经营者在进行交通工具设计时，应根据经营理念选择合适的交通工具，可以采用现代交通工具，也可以采用传统交通工具，甚至可以进行创新设计。一般可以采用的交通工具包括人力交通工具、畜力交通工具、水运交通工具、路运交通工具等。

道路表现形式设计	根据不同的地形地貌，创新使用不同的道路形式，满足交通需求，如在水边使用吊桥、独木桥，在高空使用索道等形式
道路周边设施设计	对路灯、护栏、雕刻、植被等进行人工设计，使道路更加应景应情，如在路边设置民族图腾立柱、种植民族特色植被等
道路路面设计	在道路路面上进行艺术创作，通过路面表现民俗风情，如将某一段卵石路面铺设成某一民俗元素
道路名字设计	依据道路所在地域功能，结合当地风俗习惯、路线上的主要景点等情况，为道路选取一个富有深意、具有特色的名字，如南京夫子庙所在的街道被命名为夫子庙街

图 8-5 民俗风情园道路特色设计方式

对于民俗风情园交通工具的设计，可以从外观、内部装饰、附加功能、使用方式等方面进行，如图 8-6 所示。

外观	将当地民俗元素以彩绘的形式表现在车身上，或在某一大型活动开展前，在交通工具外部绘制广告
内部装饰	在交通工具内部进行装饰设计，主要是对乘坐环境的设计，包括座椅、扶手、内壁，将具有民族性、地方性的文化元素加入其中
附加功能	可以在某些大型交通工具（如游轮）上设计配套的功能，如餐饮、歌舞表演等
使用方式	如某些小型交通工具，可以采用二维码管理的方式租赁给游客

图 8-6 民俗风情园交通工具设计内容

4. 站点设计

站点的存在可以为游客提供休息的场所，是交通路线的重要节点。通过在站点暂时停靠，游客可以恢复精力，使其在园区停留的时间得以延长。其中，站点休息设施设计的好坏将会直接影响游客对园区环境的感受。一般园区内休息设施主要有两类，即观景亭廊和休息坐具，见表 8-3。

表 8-3 站点休息设施类型设计

类型	说明	设计要求
观景亭廊	是指完全开放的小型景观建筑物，是环境景观系统中的重要节点，游客可以在此观赏景色。其形式丰富多样，如台、塔、楼、阁、舫、榭、花架等，都可以作为站点的观景亭廊	应根据站点规划的大小来决定观景亭廊的建筑规模，并结合所在地点所表达的民俗情况进行设计
休息坐具	是指供游客歇脚用的设备。游客可以使用设备驻足休息、观赏风景，也可以使用设备进行休闲活动，如下棋、打牌等	在设计时应根据成本、安置区位等情况选用合适的材料，并设计合适的造型

5. 引导设计

园区内的交通引导是为了引导游客游览而存在的。园区的引导一般是通过各种设施标识来实现，包括园区全景图、交通指示标识、景观解说标识、道路导向指示标识、警示指示标识、设施名称标识等，见表 8-4。

表 8-4 景区引导标识类型

类型	说明
园区全景图	是指整个园区的全景导游地图，其内容包括园区全景地图、园区文字介绍、游客须知、景点相关信息、服务管理部门电话等
交通指示标识	是指通过图案、文字等形式向游客传达交通引导和管制信息的安保设施，如提醒前方有落石、限速行驶、限制机动车进入等标识牌
景观解说标识	是指对园区内的某一景点或某一地点的概况、特色、历史背景进行介绍的载体。游客可以通过此标识在短时间内了解景点，其内容包括景点、景物的相关来历以及历史典故等
道路导向指示标识	是指为游客提供园区内各景点、公共设施以及服务设施的方位和路线的指示，包括方位指示和场所标识，如停车场指示牌、道路标识牌等
警示指示标识	是指为了维护社会公共利益，保证社会公共秩序而设立的提示标识和禁止标识。其中提示标识包括爱护花草、小心台阶等，禁止标识包括禁止吸烟、禁止摄影、游客止步等
设施名称标识	是指一些标有公共场所名称的标识，如售票窗口、出入口、游客中心、医疗点、购物中心、交通站点等一些公共场所的名称提示牌

对于标识牌的设计，应把握如图 8-7 所示的 5 个方面的内容。

醒目度	是指视野中标识较其背景容易被引起注意的程度。在设计时，既要保证标识牌与周围环境的统一协调，又要与周围环境有所区别。所以，要对标识的材质、色彩、形状等进行综合考虑
颜色察觉	是指人的视觉系统从视野中感受到颜色刺激的能力。不同的颜色会引发人们不同的联想，带给人们不同的心理反应。因此，进行设计时，要合理运用各种色彩设计标识
高度	是指要使标识的中心内容与游客的视线在同一水平线上，其中复杂的导游图更应如此
距离	是指标识之间的距离。进行标识规划时，标识之间的距离既不能靠得太近，也不能离得太远，应具有空间秩序感，让游客能有效并顺利地找到方向。一般在交叉路口必须要设置相应的标识牌
偏移	是指标识中心与游客正视线之间的距离。一般在标识醒目度一定的前提下，偏移距离越大，标识越容易被游客忽视

图 8-7　标识设计要点

引导设计除了以上标识设计外，还可以利用定位导航和电子地图相结合的方式，为游客提供智能实时路线引导。

延伸阅读

颜色的奥妙

红色：在可见光谱中红色的光波最长，折射角度小，但穿透力强，对视觉的影响最大。同时红色的知觉度高，在众多色彩中极不容易被掩盖。红色一般用于表示禁止、停止、危险等禁令标识。

蓝色：蓝色的波长较短，折射角度大。高明度的浅蓝显得轻快而明澈，适合表现大的空间。蓝色一般用于指示标识的底色，也用于道路指示牌的底色。

黄色：黄色的波长适中，是所有色相中最能发光的颜色，给人以轻快、透明、辉煌、充满希望的色彩印象。由于黄色明亮，极易映入眼帘，一般用于警告标识的底色。

绿色：绿色的波长居中，是人眼最适应的色光。绿色的明度稍高于红色，但纯度较低，属中性色。绿色性格温和，有着广泛的适用性，一般用于快速路、高速路指路标识的底色。

白色：白色给人以明亮、干净、纯洁之感。从对比角度看，白色能使其相邻的明色稍显变暗，大面积使用能给人一种冲击感。因此，在标识系统中白色一般用于标识文字、图形符号和部分标识的边框。

黑色：黑色完全不反射光线，在心理上容易联想到黑暗、悲哀，给人一种沉静、神秘的气氛感。标识中若扩大黑色的使用面积，会使人产生阴沉感。因此，在标识系统中黑色一般用于标识文字、图形符号和部分标识的边框。

8.2 园区交通服务管理

8.2.1 园区交通服务运营管理

园区交通运营主要是民俗风情园经营者通过采取有效的管理方式、方法和手段对交通服务人员和车辆进行调度，以保证游客旅游通行的安全。为了更好地进行运营管理，使游客有一个舒适的旅游体验，管理人员要对客源进行调查，及时掌握客流量信息，根据客流量信息安排车辆、班次。

1. 根据客流量信息安排车辆、班次

客流量是安排车辆、班次的基础，判断客流量的大小可以通过流向量、通过量、集结量、疏散量、待运量、交替量、客运量等指标进行。具体衡量指标如图 8-8 所示。

对客流量的了解，可以采用多种调查方法进行，如图 8-9 所示。

车辆、班次的安排应根据客流量的变化进行调整。一般可将客流量分为高峰期、次高峰期、平峰期、低峰期。交通运营管理人员可以根据不同的峰段安排发车的频率。一般来说，发车频率和峰段高低成正比。

2. 客流量的控制

根据旅游发展规律，每逢佳节，园区都会人山人海，过分拥挤的交通状况严重影响了游客的旅游体验。为了避免高峰期带来的交

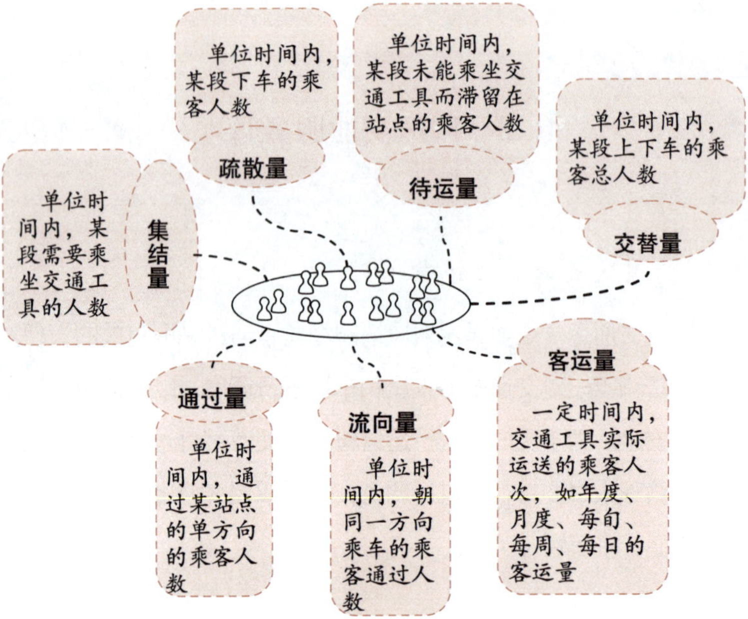

图 8-8　衡量客流量大小的指标

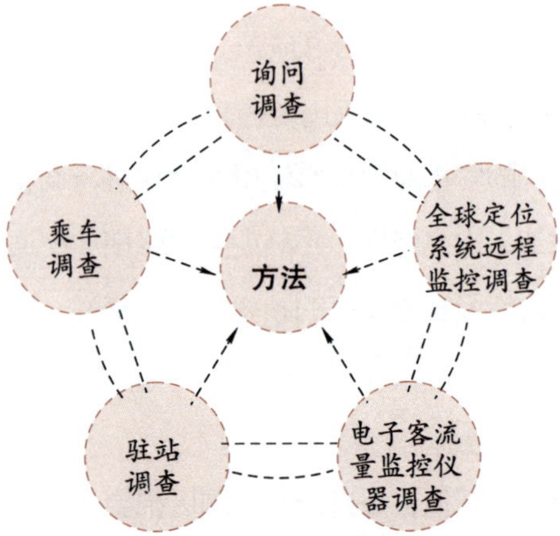

图 8-9　客流量调查方法

通拥堵，服务人员应果断采取措施对游客进行疏散，保证园区内的客流承载量被控制在合理范围之内。客流量控制流程如图 8-10 所示。

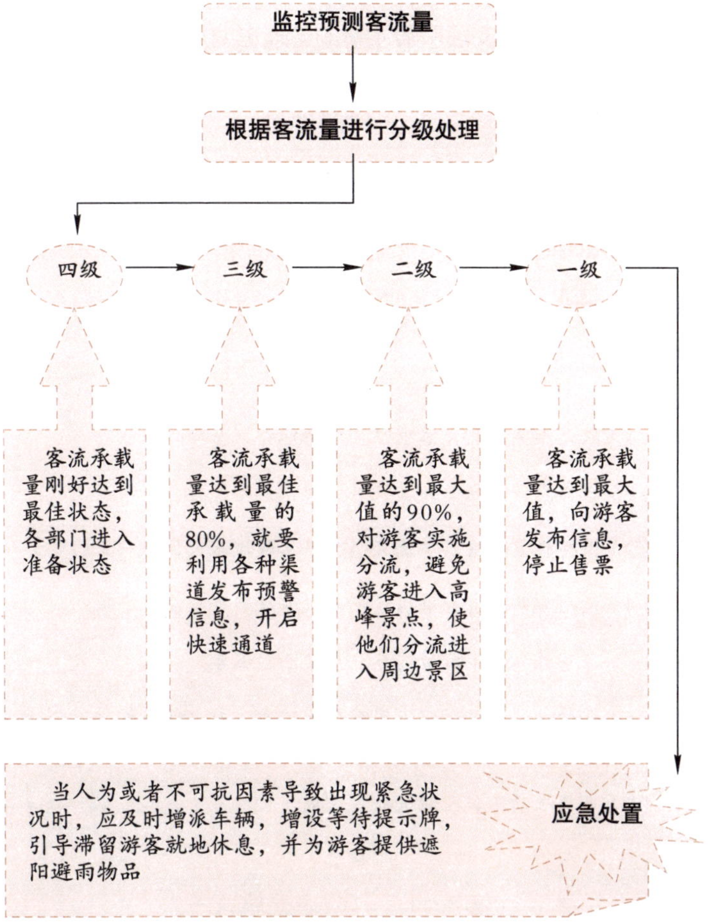

图 8-10 客流量控制流程

8.2.2 园区交通服务质量管理

提高交通服务质量，为广大游客提供周到热情的服务，不仅能提高园区的运营效率，还能为企业树立良好的形象，吸引更多的游客前来消费。园区对交通服务质量的管理主要从驾驶员和随车服务人员服务质量管理两方面进行。

1. 驾驶员服务质量管理

驾驶员的服务质量是指驾驶员驾驶交通工具，应以安全为第一要务，以游客乘坐舒适为标准，将游客安全准时地送达目的地。对于驾驶员的要求，可以参照如图 8-11 所示的几点服务规范。

（1）熟悉车辆性能，注重日常车辆保养，及时排除故障

（2）工作责任心强，驾驶技术过硬，开车平稳，严禁超速行驶

（3）保持服装整洁，举止文明，在驾驶过程中保持端正的姿势

（4）使用文明语言，准确清晰地提醒乘客安全注意事项

（5）注意作息，不疲劳驾车，严禁酒后驾车

（6）严禁在驾驶过程中出现吸烟、饮食、打电话等妨碍安全行车的行为

（7）严禁机动车载人超过核定人数

图 8-11　驾驶员服务规范

2. 随车服务人员服务质量管理

随车服务人员在为游客提供服务时，应以热情饱满的态度为车上游客带来舒适的乘车体验。随车服务人员服务规范如图 8-12 所示。

（1）在对游客进行收费时应明码标价，合理收费

（2）服务人员应保证车内的清洁卫生，及时清理车内杂物

（3）服务人员应服务态度诚恳，语言规范礼貌，对不同乘客要有不同的尊称，多使用“请”“您”等文明用语；需要乘客帮助和协助时要说“谢谢”或“请帮忙”；不慎失礼或失误时要说“对不起”“请原谅”

（4）服务人员面对游客的询问，应做到有问必答、耐心解答

图 8-12　随车服务人员服务规范

第9章

民俗风情园后勤综合服务

租赁服务

救助服务

医护服务

广播、咨询服务

停车场服务

9.1 租赁服务

9.1.1 租赁物品的配置

考虑到出行成本和便携性，游客在出门前往往需要舍弃一些随行物品。然而在实际旅游过程中，又会因为某些原因而需要自己所没有的物品来协助完成旅行。若此时园区为其提供必要的物品租赁服务，将能及时帮助游客，为其旅行助力。与一般景区相比，民俗风情园的物品出租在配置上与其有共同之处，但也有自身特殊之处。具体物品配置如图 9-1 所示。

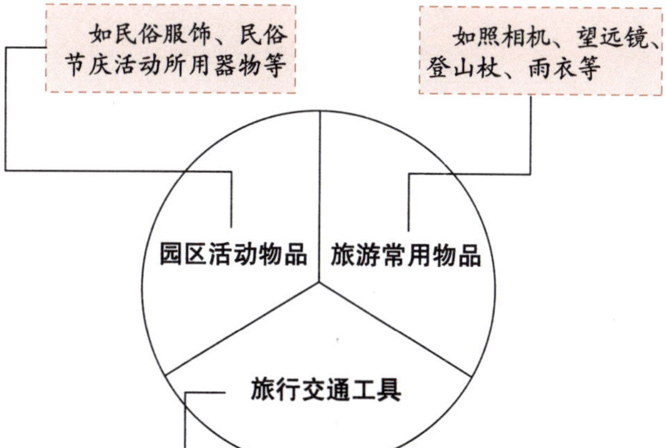

图 9-1 园区租赁物品配置分类

9.1.2 租赁物品的管理

为做好物品租赁服务，民俗风情园经营者应制定详细的物品租赁规定，包括成本押金、租赁计价单位、租赁单位时间价格、使用规范、损坏鉴定与赔偿、逾期归还情况处理、支付方式等内容，以保证租赁双方的权益都能得到有效保护。租赁物品流程如图 9-2 所示。

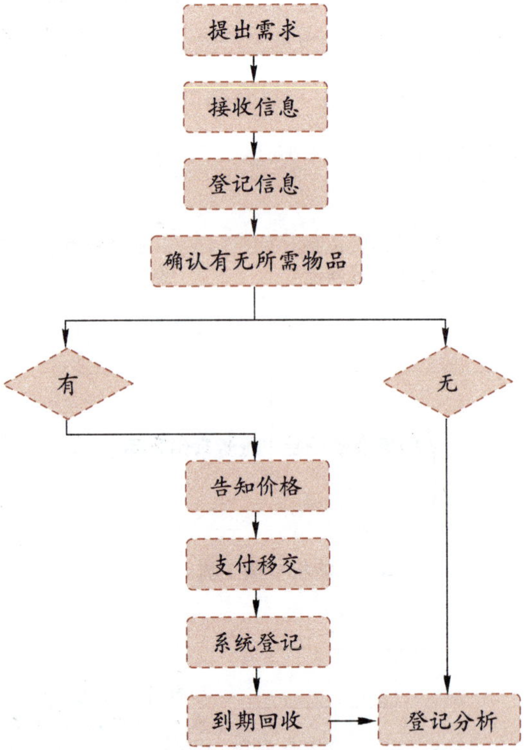

图 9-2　租赁物品流程

9.2 救助服务

9.2.1 走失、迷路救援服务

游客在园区中游玩时会发生各种意外。例如，游客会因为不熟悉路径或其他客观原因而迷路，游客也会因为遭遇意外与同伴失去联系而走失。当发生以上意外时，园区服务人员在发现情况后应立即采取救援措施，帮助游客脱离困境。

园区服务人员在接到游客的求救信号时，应询问事发原因，根据游客的描述判断其所处的大致位置，采取适当的措施救助游客。救援服务措施见表 9-1。

表 9-1 救援服务措施

类型	措施
走失	（1）询问走失的原因、最后集合的地点、走失人员相貌特征等 （2）利用园区广播寻找走失人员 （3）通过园区工作人员协助寻找走失人员 （4）成立救援服务队，帮助寻找走失人员 （5）若情况严重，触及法律，应及时报警
迷路	（1）为游客指明方向和路线 （2）迷路对象是老人和小孩时，若其知道目的地，应将其送到目的地；若其不知道目的地，应尽快与其亲友取得联系，包括从迷路者身上找到联系方式或利用广播寻找同伴

9.2.2 游客遗留物品处理

若游客在游玩过程中有物品遗留在园区内，服务人员应妥善保管好游客物品，确保游客前来认领时完好无损。同时，服务人员应快速与游客取得联系，争取在最短时间内将物品交还给游客。遗留物品处理流程如图 9-3 所示。

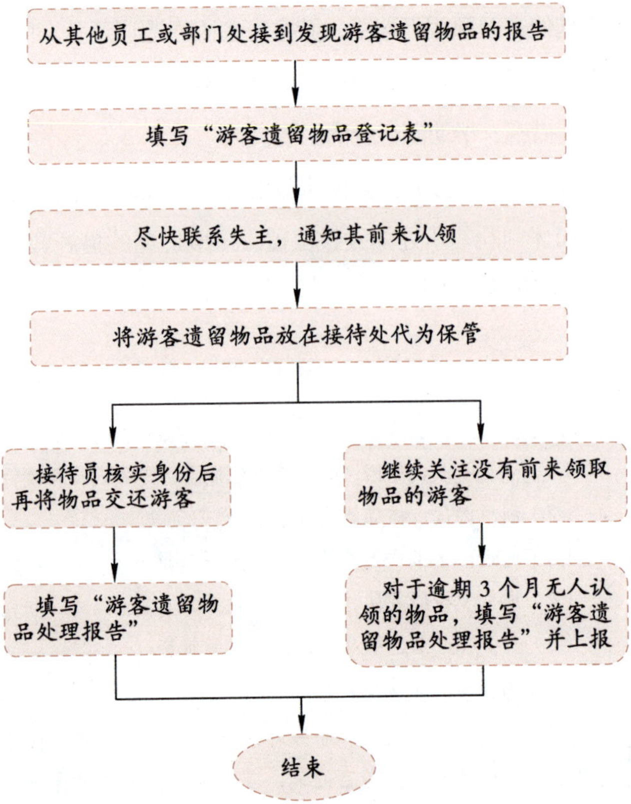

图 9-3　遗留物品处理流程

9.2.3 游客丢失物品处理

游客在旅游过程中会出现物品丢失的情况。当游客因为物品丢失向服务人员求助时，服务人员应协助游客回忆最后一次见到该物品的时间、地点以及游客曾经去过哪些地方，并根据回忆的线索进行寻找。若找到物品，在交还时一定要核实游客的身份；若未找到，且征询游客意见报案后，应注意保护好现场，报案后移交公安机关处理，并协助调查。游客丢失物品处理流程如图 9-4 所示。

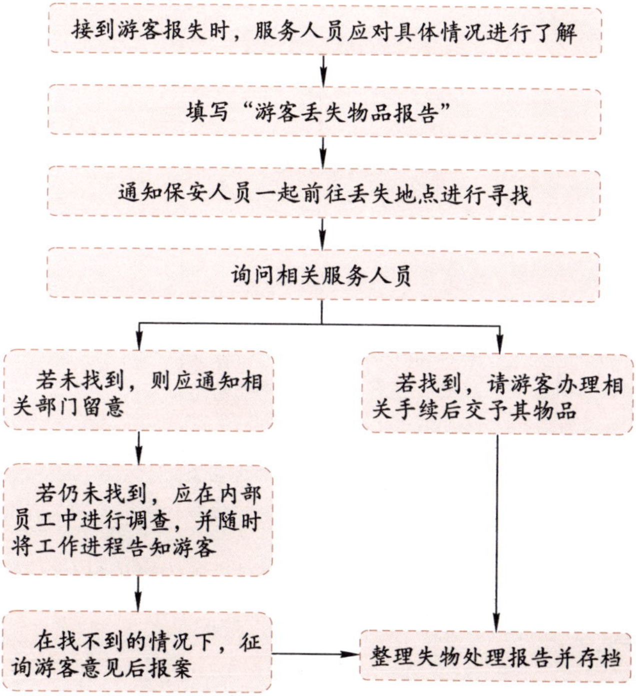

图 9-4 游客丢失物品处理流程

9.3 医护服务

9.3.1 游客突发疾病应对服务

在经营过程中，如遇游客突发疾病，服务人员应及时采取救护措施，帮助游客渡过难关。应对游客突发疾病的服务流程如图 9-5 所示。

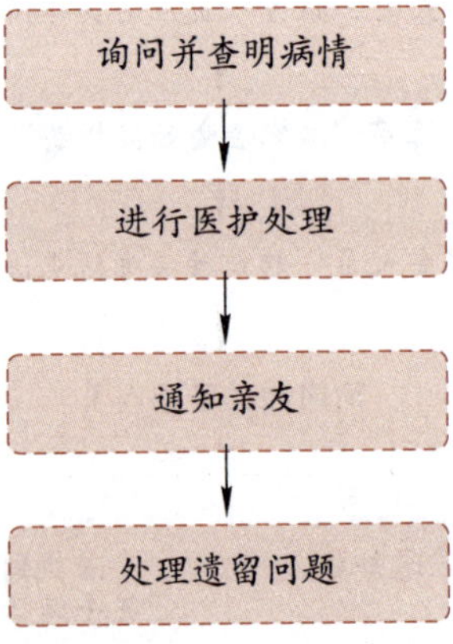

图 9-5 应对游客突发疾病的服务流程

1. 询问并查明病情

游客若是在园区内突发疾病，服务人员应先询问游客病情。情况紧急时，要拨打"120"急救电话请求救护。

2. 进行医护处理

服务人员应根据游客的病情和要求对其进行医护处理。若是急症，应先请专业人士组织抢救，然后护送游客前往医院；若是一般病症，在征求游客意见后，到附近诊所就诊。

3. 通知亲友

服务人员应询问游客当地亲友的联系方式。若需住院治疗，则要在征得游客同意的情况下，记录好游客所在医院的名称、科室、病房号以及游客的病情，并通知其当地亲友。

4. 处理遗留问题

在将游客妥善安置后，民俗风情园服务人员应对游客在园区内未解决的遗留问题进行处理。若账单未结，应与游客进行沟通，及时结账。若游客患有传染类疾病，应控制得当，并及时做好消毒工作，确保其他游客不被传染。

9.3.2 游客意外受伤应对服务

游客在旅游过程中若意外受伤，园区服务人员应及时救治，帮助游客脱离危险，并在事后总结反思，采取必要措施，防止同样的问题再次出现。应对游客意外受伤的服务流程如图 9-6 所示。

1. 查看游客伤势

游客在服务区域意外受伤，保安人员与服务人员应立即赶往现场查看游客伤势，对游客进行安抚，消除其紧张情绪。

2. 通知相关部门

园区服务人员应第一时间通知相关部门安排人员处理。若游客伤势较为严重，应立即通知园区医务人员。

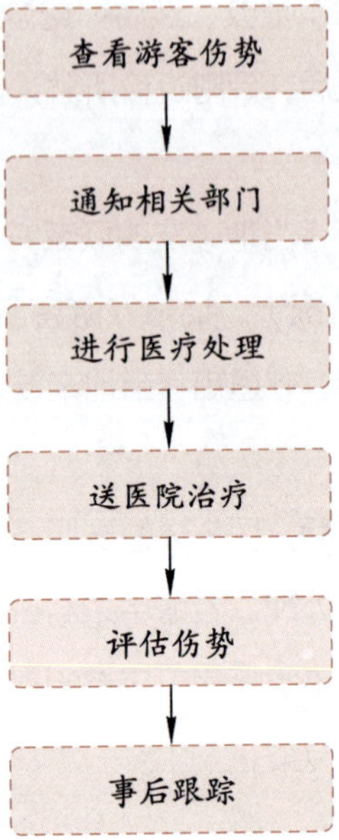

图 9-6 应对游客意外受伤的服务流程

3. 进行医疗处理

园区医务人员到达现场后，应根据游客的伤势情况向其提出合理化建议；若情况严重，应采取紧急处理措施。

4. 送医院治疗

若游客伤势严重，则应在对游客进行简单医疗处理的同时拨打“120”急救电话，由医院派车将游客接到医院治疗。游客送往医院后，应对受伤现场进行清理。

5. 评估伤势

当确认游客是在服务区域内受伤后，民俗风情园相关工作人员应对游客伤势作出适当评估，对游客受伤经过进行记录，内容包括事故发生的时间和地点、受伤人员情况及证人证词等，然后上报管理层。另外，还要将游客的病历复印件上交管理层，如涉及赔偿问题要说明具体情况。同时，服务人员应协助游客向保险公司索赔。

6. 事后跟踪

民俗风情园经营者要安排一定人员对游客受伤区域内的相关设备进行检查，对有故障的设备予以维修。另外，根据情况，还应对受伤游客进行慰问和补偿。

9.4 广播、咨询服务

9.4.1 广播服务

1. 广播服务类型

民俗风情园广播服务是后勤服务的一个重要组成部分，一方面它能及时向游客传递信息，另一方面又能为园区营造旅游氛围。园区中的广播一般以中外文结合的形式向游客传递信息，具体的广播内容分为业务广播、紧急广播和背景广播 3 种类型，如图 9-7 所示。

2. 广播扬声器选址

为了提高广播的传播效果，应将广播信息传递至园区的每一个角落。在广播终端扬声器的选址上，必须与园区总体规划相协调。可选为放置地点的位置包括干道两旁、游客中心、绿化带、大门

业务广播

在园区范围内播送需要被全部或部分听众收听的日常广播，如园区导览、游乐项目介绍、景点介绍、安全提示、通知公告、天气预报、新闻等

紧急广播

当园区发生紧急事件时用于报警、疏散、指挥的广播，如紧急救助通知、紧急找人、紧急避险、紧急疏散、事故通告及应对等

背景广播

在园区范围内播送用于渲染环境气氛的广播，如各种场合的背景音乐等。音乐的选择应符合园区的特点，音量适中，根据实际情况选择播放时间

图 9-7 广播服务类型

口、娱乐场所、园区内其他重要场所及危险性大的地段等。

3. 广播人员工作要求

广播人员是为游客提供广播服务的工作人员。为了向游客提供合情合景合境的广播服务，及时向游客传递有效信息，广播人员应遵守如图 9-8 所示的工作要求。

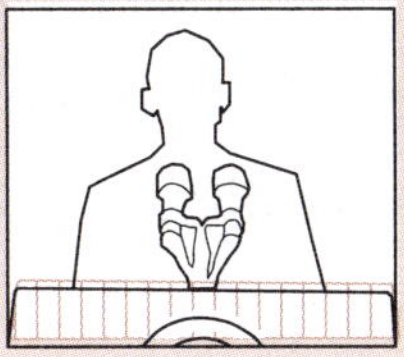

（1）广播人员在正式工作之前，应接受岗前业务培训

（2）应熟悉掌握广播设备性能和操作方法，并熟练运用广播设备

（3）工作期间应精神饱满，语言文明，语气亲切，语调柔和

（4）语言组织能力良好，内容表达清晰、流畅，逻辑性强

（5）发音标准，吐字清晰，避免出现病句、错字

（6）准确详细地向游客传递信息，特别是紧急广播应以事实为依据，及时进行播报

图 9-8 广播人员工作要求

9.4.2 咨询服务

咨询服务是园区经营的配套服务，是一种免费服务。作为园区的一名工作人员，在接到游客咨询时，应热情主动地回答游客的问题，及时消除游客的困惑。一般园区的咨询服务可分为电话咨询服务和当面咨询服务两种。

1. 电话咨询服务

电话咨询服务人员虽然不是直接面对游客，但仍应热情主动地为游客提供周到的服务。同时在电话咨询过程中应注意语言、语音、语气的使用技巧；注意使用礼貌用语；注意坚持保密性原则，不随意泄露重要信息。一般电话咨询可分为来电咨询和去电回复两种类型，如图 9-9 和图 9-10 所示。

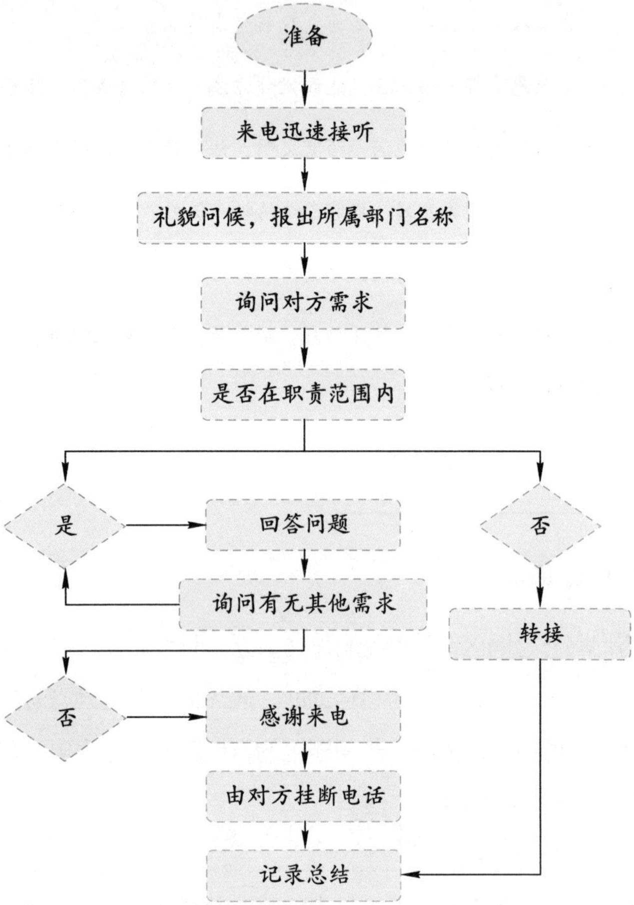

图 9-9　来电咨询工作流程

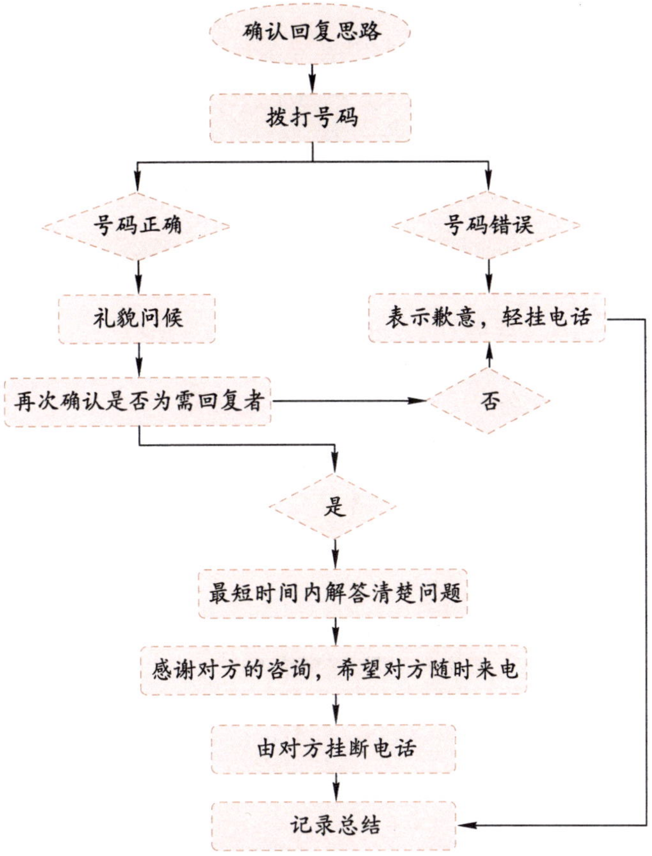

图 9-10 去电回复工作流程

2. 当面咨询服务

当游客遇到问题时，除了通过电话进行咨询外，还可通过园区内的咨询台当面进行咨询。由于是直接面对游客，咨询服务人员的形象会对游客的咨询态度产生影响。因此，当面咨询服务人员应保持良好的形象，如图 9-11 所示。

图 9-11　当面咨询服务人员形象标准

当面咨询服务人员工作流程如图 9-12 所示。

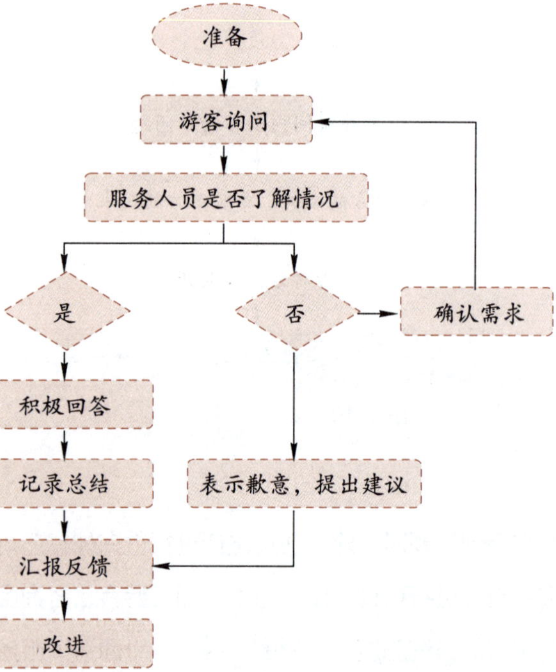

图 9-12　当面咨询服务人员工作流程

9.5 停车场服务

9.5.1 停车场服务标准

停车场是供外来车辆停放的场所，是自驾游客进入园区之前的必经之地。停车场的管理服务是否到位，将会直接影响游客对园区的印象。严格的管理和周到的服务能帮助游客解除后顾之忧，从而全身心地投入到游乐中。因此，停车场应建立完善的安全管理服务体系，具体流程如图 9-13 所示。

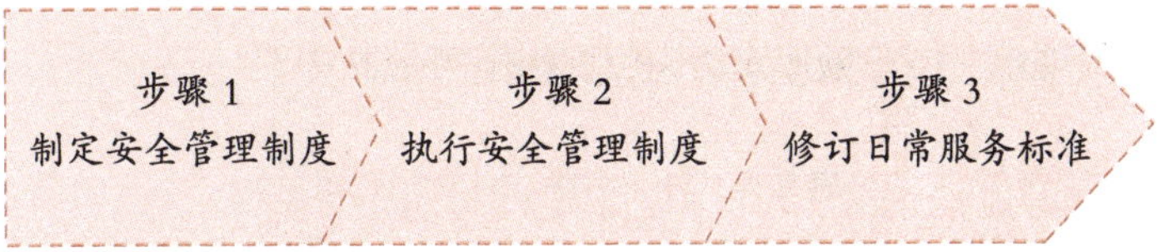

图 9-13 停车场安全管理服务流程

停车场安全管理服务规范见表 9-2。

表 9-2 停车场安全管理服务规范

步骤	具体规范
1	民俗风情园制定停车场安全管理制度
2	民俗风情园停车场保安员按照岗位职责严格执行安全管理制度

续表

步骤	具体规范
3	（1）在执行停车场安全管理制度的过程中，外保主管可以请停车场保安员对安全管理制度的正确性和合理性提出意见和建议 （2）外保主管将停车场保安员的意见和建议进行汇总，并据此修订停车场安全管理制度，报保安部经理、总经理审批后将其存档

9.5.2 停车场保安员岗位说明

停车场保安员是停车场的服务人员，也是停车场安全管理制度的执行者。为了更好地提供停车场服务，应对保安员的岗位职责进行严格规范。停车场保安员岗位说明样例见表9-3。

表9-3 停车场保安员岗位说明

职责描述	主要任务
值班巡逻	（1）依照值班安排，按时上岗值班，并做好值班记录与交接记录 （2）遵守园区各项规章制度，详细记录当班情况，遇到重要情况及时上报领导
车辆管理	（1）有重大接待活动时，提前预留车位，并提前疏导好道路交通，注意周围情况 （2）指挥进入停车场的车辆，安排车辆停放地点，验明车况并做好详细记录

续表

职责描述	主要任务
车辆管理	（3）车辆离开时，根据车辆停放时间和园区规定的收费标准收取停车费用 （4）随时关注停车场入口及停车场内车辆停放情况，做好道路疏通工作，保证道路畅通 （5）根据车辆进入停车场时的登记信息，对开出停车场的车辆进行验证
停车场安全管理	（1）检查并记录停车场内停放的车辆，做好车辆防火、防盗及防破坏等工作 （2）指挥、管理停车场内待客的出租车辆，保证停车场秩序井然 （3）礼貌劝止无关人员在停车场内无故逗留 （4）及时处理发生在停车场的车辆碰撞、追尾等事件并做好相关记录 （5）对夜间进出车辆要认真查看车门、车窗有无被撬痕迹，如有疑问，核查清楚，并详细记录核查内容和夜间进出车辆牌号及时间 （6）维护好整个车场的秩序，及时清理纸屑、废品，保持各通道畅通 （7）完成领导交办的其他工作
任职资格	（1）学历要求：初中及以上学历 （2）工作经验要求：1 年以上相关工作经验 （3）其他特殊要求：熟悉园区治安管理有关规定
考核指标	安全检查合格率、安全管理制度执行率、道路疏通情况等

第10章

投诉应对与处理

投诉应对处理流程与工作标准

问题游客的应对方法

10.1 投诉应对处理流程与工作标准

10.1.1 游客投诉处理程序

民俗风情园经营者应该重视对游客投诉的处理。对游客投诉的处理可以按照一定的程序进行，如图 10-1 所示。

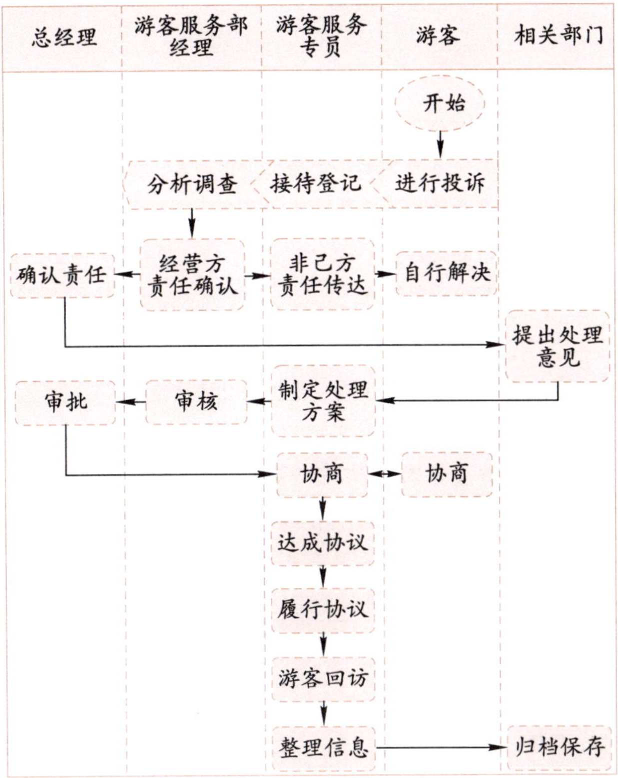

图 10-1 游客投诉处理程序

10.1.2　游客投诉处理标准

为了保证游客的投诉能得到有效解决，保证游客的权益，维护民俗风情园的形象，园区管理者应对投诉处理工作进行明确规范，见表10-1。

表10-1　游客投诉处理标准

任务名称	说明	相关资料
投诉受理	程序： （1）游客针对旅途中的遭遇提出投诉 （2）游客服务专员要热情接待投诉游客，并立即对游客投诉的情况进行详细记录 重点：游客投诉登记 标准：符合实际情况	（1）游客投诉管理规定 （2）游客投诉登记表
投诉调查	程序： （1）游客服务部经理在一个工作日内完成对游客投诉问题的分析和调查工作 （2）游客服务部对游客投诉的问题进行初步责任判定，若是经营方自身存在服务问题，则等待进一步处理；若是游客自身原因造成的，则交由游客服务专员进行处理 重点：责任判定 标准：符合事实	（1）游客投诉处理办法 （2）游客投诉登记表
投诉处理	程序： （1）经营方总经理根据游客服务部经理的责	（1）游客投诉处理办法

续表

任务名称	说明	相关资料
投诉处理	任判定和调查结果确认相关部门在本次投诉事件中所应承担的责任 （2）经营方相关部门提出对本次投诉事件所涉及问题的处理意见，游客服务专员汇总相关部门的处理意见后制定处理方案，报游客服务部经理审核 （3）游客服务部经理对游客服务专员制定的处理方案进行审核，并报总经理进行审批 （4）总经理审批游客服务部经理递交的处理方案，若认为方案合理则交由相关部门开展下一步的工作，若认为还存在问题则交由游客服务专员进一步修改和完善 （5）游客服务专员根据总经理的审批意见同投诉游客进行协商，并努力就投诉问题的解决方案达成共识 （6）游客服务专员和投诉游客达成协议后，双方根据协议规定履行各自的权利和义务 重点：对投诉的处理 标准：公平、及时，符合实际，补偿游客的损失	（2）投诉处理方案 （3）投诉处理协议
游客回访	程序： 游客服务专员在协议履行完毕后，要及时对投诉游客进行回访，了解其对园区服务的意见和想法，努力保持同投诉游客的良好合作关系	游客投诉处理办法

续表

任务名称	说明	相关资料
游客回访	重点：对游客的回访 标准：及时、礼貌	
信息汇总归档	程序： 游客服务专员对游客投诉记录、处理方案等信息进行整理汇总。档案管理部门对汇总分类的信息进行归档保存 重点：对信息汇总归档 标准：规范、符合要求	民俗风情园文件管理办法

10.2 问题游客的应对方法

10.2.1 如何应对不愿交谈的游客

不愿交谈的游客并非不善于交谈，只不过是没有提起交谈的兴趣。

对于这类游客，首先应观察对方，通过他的表情、态度以及拒绝交谈的理由作出分析判断，选择适当的方式出击。针对不同类型的不愿交谈者可采用不同的策略。

1. 害怕被骗

有些游客觉得自己不善言辞，害怕多说话后被服务人员诱导而作出与自己本来想法不一样的决定，使自己在消费后产生后悔情绪，所以尽量不开口说话。

应对策略：

（1）避免产生“能言善辩”的感觉。

（2）改换话题。

2. 游客心情不好

某些游客不愿交谈是因为恰巧其在生活中碰到了不愉快或伤心的事，如刚和同事吵架、被上级骂了一顿、亲人生病或者家庭遇到了危机等情况。

应对策略：产生共鸣，找到共同话题，从而产生“同病相怜”的感觉。

3. 游客急于把你“撵走”

这类游客不愿交谈是因为其正在处理一些事情，如果有人过来和他说话就会破坏当时的情况，造成尴尬的局面。那么，后进来的人自然就会成为“不受欢迎的人”，游客则保持沉默，直到你离开。

应对策略：暂时避开，以后再谈。

10.2.2 如何应对高傲自大的游客

此类游客一般是以居高临下的态度与服务人员进行交流，甚至不屑与服务人员进行交流。其行为表现为平时沉默不语，面无表情。而在谈论他所熟知的事情时，若谈论较低层次的事情，他会表现出轻视；若谈论较高层次的事情，他要么不感兴趣，要么反问拆台。

此类游客之所以抱有高傲自大的态度，与其内心思想不无关系。一般有两种原因导致游客产生此类行为。一是此类游客对事物的认识与他人不同，以“贵族”自居，自认为他人的认识没有自己深刻，特别是与服务人员接触时，总认为他们比较肤浅；二是隐藏内心自卑的事实而在行为上表现出高傲自大。

对于这类游客，民俗风情园服务人员应该采用“顺”的方法进行应对。具体应对策略如图 10-2 所示。

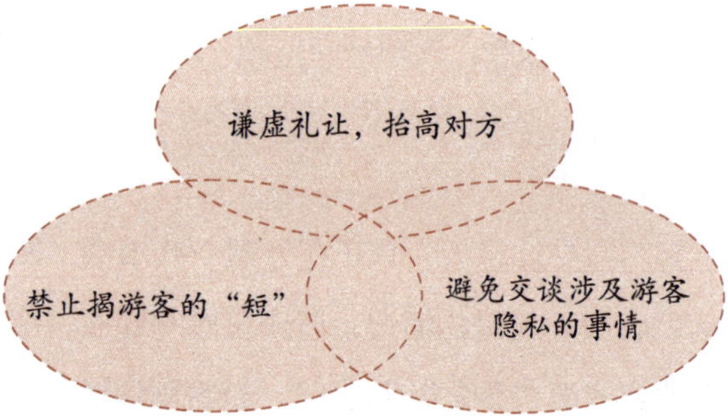

图 10-2　应对高傲自大游客的策略

10.2.3　如何应对多疑的游客

此类游客一般都以怀疑的眼光审视服务人员。其行为一般表现为皱眉、撇嘴，并时常用怀疑的眼神打量服务人员。最终，无论服务人员如何进行说明，都不能使此类游客发生任何改变。

游客之所以会多疑，原因有 3 个，如图 10-3 所示。

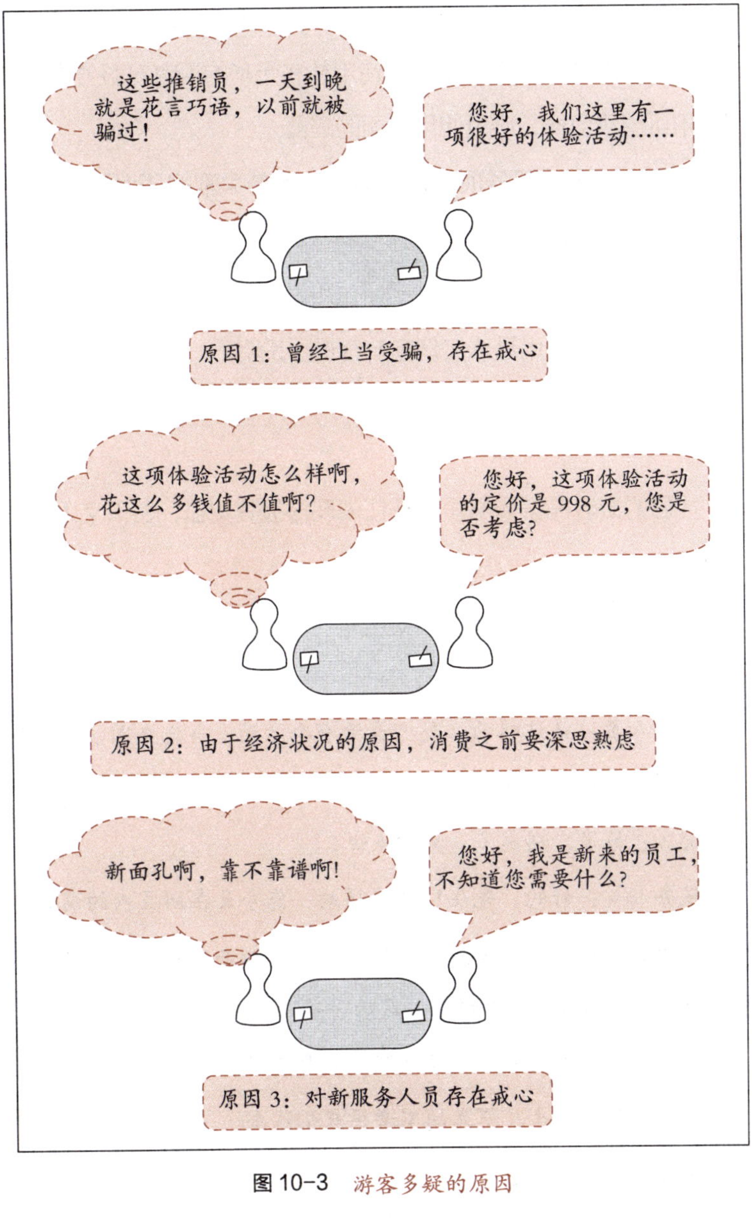

图 10-3 游客多疑的原因

服务人员在应对多疑游客时，应做到以下 3 点：

一是态度诚恳，语气平缓，使用朴实无华的语言对服务进行介绍，不可眉飞色舞，避免使用华丽的辞藻。

二是主动承认服务项目存在的一些无伤大雅的“小问题”，不可在游客提出异议时过度反驳。

三是用真实证据向游客证明自己所说的是实话。例如在进行产品和服务介绍时，用具体实例向游客进行说明。

10.2.4 如何应对性急的游客

性急的游客在言谈举止中往往表现得极其明显，如下文中的场景对话。

服务人员：先生，您好！您……

游客：什么事，说！

服务人员：是这样的，我们最近有个活动，当您在园区内的消费超过一定额度时，您……

游客：好了，别说了，挑重点说！

服务人员：好的，先生！是这样的，您今天在园区内的消费已经超过了 500 元，所以按照活动规定，如果您办会员卡，您的会员卡积分就会增加 1 000 个积分，然后……

游客：磨磨叽叽的，赶紧结账，我要走了！

服务人员：先生，您真的不考虑我们这个……

游客：不办，结账！

游客之所以性急有部分原因是天生的；有部分原因是自以为是，做事不考虑别人的感受；还有些人则是知道自己性急的毛病不好，但是在真正面对问题时，还是会不自觉的着急。

对于此类游客需要采取一定的策略，如图 10-4 所示。

图 10-4 应对性急游客的策略

如前文所述的那位性急的游客，服务人员可以采取以上策略说服游客。

服务人员：先生，您好！您……

游客：什么事，说！

服务人员：您本次在园区内的消费可以享受八折优惠，不过您要办一些简单的手续，您有兴趣吗？

游客：哦？办什么手续？

服务人员：只需要您在我们这里办一张会员卡，而且以后凭卡消费都可享受八折优惠，很实惠的。

游客：哦？怎么办卡？

服务人员：只要交100元，然后留下您的个人信息就可以了。您办吗？

游客：好！